IMMANUEL KANT
Träume eines Geistersehers

通灵者之梦
以形而上学之梦来阐释

〔德〕康德 著

李明辉 译

商务印书馆
The Commercial Press

Immanuel Kant
Träume eines Geistersehers, erläutert durch Träume der Metaphysik
Kants Gesammelte Schriften, Akademieausgabe, Band 2
本书依据普鲁士王室学术院版《康德全集》第2册译出

凡 例

一、在德文本中为强调而疏排者,中译本以黑体字排出。

二、译者所加的注释一概冠以"——译者"或"译者按",否则即为康德之原注。

三、边码代表普鲁士王室学术院版《康德全集》之页码。

四、"人名索引"及"概念索引"均依据中译本之页码而编。

五、译者之补充概以〔〕标示之。

六、为求译文之严谨起见,译者依1910—1920年代之习惯,将"的"字用作形容词词尾,而以"底"字作为所有格语助词,以"地"字作为副词词尾;有时亦用"之"字作为所有格语助词,义同"底"字。但所有格代名词(如"你的""我的")及人名、地名用"的"字,而不用"底"字。

康德著作缩写表

KGS = *Kants Gesammelte Schriften* (Akademieausgabe)

Träume = *Träume eines Geistersehers, erläutert durch Träume der Metaphysik*

KrV = *Kritik der reinen Vernunft*

Bem. z d. Beob. = *Bemerkungen zu den Beobachtungen über das Gefühl des Schönen und Erhabenen*

修订版前言

康德的《通灵者之梦——以形而上学之梦来阐释》一书是其早期的重要著作。为了教学之需要，笔者在30多年前即将此书译成中文，于1989年11月由台北联经出版公司出版。这是当时唯一的中译本。20多年后，李秋零重译此书，标题为《一位视灵者的梦》，收入他所编译的《康德著作全集》第2卷，由中国人民大学出版社于2004年2月出版。笔者之译本有附录"康德论史威登堡二函"及译者注释，李秋零的译本则无此附录及译者注释。

时隔30多年后，笔者对康德哲学的理解及德语程度都有显著的提升，对原译本已不尽满意，故着手进行修订。此次全面修订了原先的译文，改正了不少不妥、疏忽甚至错误之处。此外，在这30多年之间，西方学界也出现了一些相关的研究与新译本。笔者根据这些研究成果，补充或增加了一些译者注释与按语，并且在书末列举相关文献。笔者希望此书可为中文读者提供一个准确可靠且容易了解的文本。

李明辉

2021年4月于台北

目　录

一个预备报告（它在论述方面可望给予的极少）……………3

第一部（独断之部）……………………………………………7
　第一章　一个错综的形而上学的结，人们能随己意
　　　　　解开或者斩断它…………………………………9
　第二章　开启与灵界间的交通的秘密哲学之断简………23
　第三章　反神秘宗教：断绝与灵界间之交通的
　　　　　通俗哲学之断简…………………………………42
　第四章　由第一部之全部考察得到的理论上的结论……53

第二部（历史之部）……………………………………………59
　第一章　一个故事，其真实性读者可随己意去探询……61
　第二章　一个狂热者在灵界中的忘我之旅………………68
　第三章　由全篇论文得到的实践性结论…………………86

目录

附录一　康德论史威登堡二函 ·· 93
　　致夏洛特·冯·克诺布洛赫小姐函 ································· 93
　　致摩西·门德尔松函 ··· 101
附录二　本书在康德早期哲学发展中的意义与地位 ······ 李明辉　108

相关文献 ··· 158
人名索引 ··· 167
概念索引 ··· 169
译后记 ··· 172

通灵者之梦
——以形而上学之梦来阐释

幻影如同病人之梦,是虚构的。[①]

——贺拉斯

[①] 语出罗马诗人贺拉斯(Quintus Horatius Flaccus, 65-8 BCE)的《论诗艺》(*De arte poetica*):"velut aegri somnia, vanae/Fingenter species." (v. 7/8) 但康德在引用时将Fingenter改为Fingunter。此外,康德在《实用方面的人类学》(*Anthropologie in pragmatischer Hinsicht*)中也引用了这句诗(*KGS*, Bd. 7, S. 175)。——译者

一个预备报告
（它在论述方面可望给予的极少）

冥界是幻想家之乐园。他们在此发现一片无涯的土地，可供他们任意定居。沉郁的气息、无稽之谈和寺院中的奇迹使他们不乏建材。哲学家描绘其梗概，而又改变它，或者摒弃它，如他们的习惯所为。唯有神圣的**罗马**在那里拥有有用的领地。无形的王国之两顶王冠支持第三项王冠，作为其世俗的主权之脆弱的冠冕；而开启彼世底两扇门的钥匙同时感应地打开现世之钱柜。[①]就灵界因治术

---

① 康德借这段话批评并讽刺罗马教廷。所谓"无形的王国之两顶王冠支持第三项王冠"当是指教宗之"三重冠"（Tiara）。关于这三重冠之各层分别代表的涵义，有不同的说法。其中一种说法可能是康德在此所意指的：它们自上而下分别象征"君王和王侯之父""世界之统治者"和"耶稣基督在世间的代表"。"开启彼世底两扇门的钥匙"则涉及耶稣门徒彼得所掌管的天国钥匙。《新约·马太福音》第16章第18—19节记载："我告诉你，你

4　一个预备报告（它在论述方面可望给予的极少）

之理由而得到证实而论，它的这类特权远超过学者之一切无力的反对；而其运用或误用本来就太令人敬畏，因而似乎毋须接受一项如此卑鄙的检查。然而，通俗的故事为许多人所相信，至少未受到有利的反对；尽管它们并不拥有来自利益的证明（argumentum ab utili）（这种证明是所有证明中最具说服力的），何以它们到处传布而未被人使用或未受到惩罚，甚且混入学说系统之中呢？那位哲学家不曾在一个理性的且坚信的目击者之保证与一种无法遏抑的怀疑之内在抗拒间显露出我们所能设想的最天真的样子呢？他应当完全否定所有这类的灵异现象之正确性吗？他能提出何种理由来驳斥它们呢？

在这些故事当中，他应该甚至只承认一个故事之可能性吗？即使只有**一个**这类的事件能被假定为已证实的，这样一种承认有何重要性？人们会见到何种令人惊讶的结果？或许还有第三种情况，即是根本不理这类冒失的或**无聊的**问题，而以**利益**为准。但由于这个建议是理性的，它总是为深刻的学者以多数票所否决。

是彼得，是磐石；在这磐石上，我要建立我的教会〔……〕，我要给你天国的钥匙〔……〕。"如今梵蒂冈的国徽与国旗上都有三重冠与两把钥匙的图案。在最后一句话中，康德讽刺罗马教廷滥用其神圣权威，利用信徒对地狱的恐惧，贩卖赎罪券以敛财。——译者

既然对许多似乎多少有真实性的陈述毫无理由地**完全不**相信,正如对一般传言不加检验地**全然**相信一样,都是一种愚蠢的偏见,则本书作者为了避免第一种偏见,多少让第二种偏见牵着走。他带着某种耻辱而承认,他如此天真地探究若干上述那类故事之真实性。他发现——像通常在人们毋须寻找之处一样——他一无所获。而这点本身固然已是个充分的理由去写一本书;但还得加上那个曾多次迫使谦逊的作者写书的原因,即认识或不认识的朋友之热烈要求。此外,他已购买了一本大书,而且更糟的是,还读了它;而这份辛劳不当虚掷。于是现在便产生了这部论文;而我们可自夸地说,它会按问题之性质完全满足读者,因为他将不了解最主要的部分,不相信另一部分,但嘲笑其余部分。

第一部

（独断之部）

第一章　一个错综的形而上学的结，人们能随己意解开或者斩断它

如果我们将学童所反复诵读、群众所讲述，以及哲学家所证明的所有神灵之事总括起来，似乎构成我们的知识底不小的部分。不过我仍然敢断言：如果某人想到要追问，我们相信在"**神灵**"一词中了解的如此多的东西究竟原来是个怎么样的东西，他会使所有这些博学之士陷入最尴尬的困窘之中。高等学府中有条理的废话往往只是一种默许，以可变的字义来规避一个难以解决的问题，因为在学院中难得听到"**我不知道**"这句方便且多半合理的话。晚近的某些哲学家（他们愿意别人这样称呼他们）即轻易地打发这个问题。他们说，一个神灵是个拥有理性的存有者。所以，见到神灵并非一种神奇的禀赋；因为谁见到人，即是见到拥有理性的存有者。然而——他们继续说

道——这个在人底内部拥有理性的存有者只是人底一个部分，而这个使人有生命的部分是个精神。①好吧！在你们证明唯有一个精神性存有者能够拥有理性之前要留意：首先我了解我对于一个精神性存有者必须形成怎样的一个概念。尽管这种自欺拙劣到半开眼睛便可察觉，它却有极易理解的根源。因为人们早年为孩童时所知道的许多东西，以后在晚年时人们确信对它们一无所知；而深思之士最后至多成为其少时幻觉之诡辩者。

因此，我不知道是否有神灵，尤有甚者，我从不知道"**神灵**"一词意谓什么。然而，既然我自己经常使用它，或者听到别人使用它，那么此词必然意谓某物，不论此物是个幻影还是真实之物。为了揭开这种隐藏的意义，我将我不甚了解的概念置于一切应用底场合中，并且借着注意它与什么相合，以及与什么相悖，我希望展现其隐含的意义。②

---

① 德文中的 Geist 兼有"神灵"与"精神"之意。康德在上文指摘学院中人"以可变的字义来规避一个难以解决的问题"，这里便是个例子。以下译者将依其实义分别将 Geist 译为"神灵"或"精神"。——译者

② 如果"神灵"底概念是由我们自己的经验概念抽取出来的，那么彰显这个概念的程序便很容易，因为我们只消指出感觉在这类存有者中呈现给我们的那些特征（借由这些特征，我们将这类存有者与物质性的事物区别开来）。但如今纵使人们怀疑到底是否有这类的存有者，他们仍然谈到神灵。因此，我们不能将精神性存有者底概念当作一个由经验抽取出来的概念来讨论。但若你们问：如果不靠抽象而来，人们到底如何得到这个概念

譬如，有个0.028立方米（约1立方英尺）的空间，并且假设有某物充塞此空间，也就是说，抗拒任何其他事物之进入，那么没有人会将以这种方式存在于此空间中的存有者称为**精神的**。它显然会称作**物质的**，因为它是扩延的、穿不透的，并且像一切物体一样，具有可分性且受制于碰撞底法则。到此为止，我们仍在其他哲学家所开拓的轨道上。但请你们设想一个单纯的存有者，且同时赋予它以理性；那么，这会正好满足"精神"一词之意义吗？为了弄清这件事，我愿让上述的单纯存有者拥有理性，作为一种**内在**性质，但目前只在**外在**关系中考察它。而今我问，如果我想将这个单纯的实体放进那个充满物质的一立方英尺的空间中，那么，物质底一个单纯要素就必须腾出位置，好让这个精神填满该位置吗？你们认为对吗？好吧！这样一来，上述的空间为了容纳第二个精神，就必须

呢？则我回答道，许多概念是在经验之机缘中靠秘密而隐晦的推论产生的，然后又传播给他人，而未意识到该经验本身或者建立关于该经验的概念之推论。这种概念人们可称之为剽窃的概念。许多概念属于此类，其中一部分只是想象底幻觉，也有一部分是真实的，因为即使隐晦的推论亦非永远错误。若一个语词与不同的故事结合起来，而在这些故事中始终可见到同一个主要特征，则语言之运用与这种结合赋予该语词一个确定的意义；因此，这个意义只能借以下的方式来展现：人们借由与各种各样的应用场合（它们与该语词一致或抵牾）相比较，而将这个隐藏的意义由其隐晦中抉发出来。

失去第二个基本粒子；而且如果我们继续下去，到最后，一立方英尺的空间会被精神所填满；而精神底团块就像该空间充满物质时一样，以不可穿透性抗拒〔外物〕，并且必须像物质一样，合乎碰撞底法则。但如今，虽然这类的实体本身可能拥有理性底力量，但在外部与物质底要素仍然完全没有区别；而在物质底要素中，我们甚至仅认识其外在现身之力量，而完全不知道可能属于其内在性质的东西。因此，毫无疑问，这样一种能聚合成团块的单纯实体不会称为精神性存有者。所以，唯有你们想到甚至在一个充满物质的空间中都能现身的存有者时，你们才能保留精神底概念①；因此，本身不具有不可穿透性底性质的诸存有者（不论有多少）联合起来，决不构成一个坚实的整体。这类的单纯存有者将被称为非物质性的存有者，而如果它们拥有理性，将被称为精神。但如果单纯实体之组合产生一个穿不透且扩延的整体，这些实体便称为物质性的单

---

① 在此人们很容易察觉到：我只谈到作为宇宙整体底部分的精神，而未谈到作为宇宙整体之创造者与维持者的无限精神。盖后者底精神本性之概念很简单，因为它只是消极的，并且在于：人们在这个概念中否定物质底诸性质，这些性质与一个无限且绝对必然的实体相抵牾。反之，在一个据称与物质相结合的精神实体（例如人类心灵）却出现以下的困难：我据称设想这个精神实体与有形的存有者相互联结成一个整体，但却舍弃我们所知的唯一的结合方式（它发生于物质性存有者当中）。

位，而其整体便称为物质。若非"精神"之名是个毫无意义的字眼，就是其意义如以上所示。

从对"精神"概念之内涵的说明进而达到以下的命题：这种存有者是真实的，甚至只是可能的；这其间仍有极大的距离。人们在哲学家底著作中发现他们可信赖的绝佳证明：一切思考者必然是单纯的；每一个以理性思考的实体均是自然底一个单位；不可分割的自我无法在许多相互结合的事物之整体中被分配。①因此，我的心灵是个单纯的实体。但是借由这项证明，我们仍无法确定：我的心灵是否属于一种在空间中统合成一个扩延的且穿不透的整体之物，且因而为物质性的？抑或它是非物质性的，且因而为一个精神？甚至，人们称为**精神性**存有者的这样一种存有者是否为可能的？

而在此我不得不警告那些极易在最深奥、最隐晦的问题中闯入的轻率决定。因为凡是属于普通的经验概念之物，人们通常将它看成好像他们也理解其可能性。反之，对于与经验概念不同且无法借由经验（甚至依据类比）去理解之物，人们当然无法形成概念，且因此人们通常宁愿

---

① 参阅：Joachim Georg Darjes: *Elementa metaphysices*, "Psychologia rationalis", § 4; Alexander Gottlieb Baumgarten: *Metaphysica*, §§ 742ff. ——译者

立刻视之为不可能而加以拒绝。所有物质在其现身之空间中都抗拒〔他物〕,且因此称为不可穿透的。此事之发生系由经验所知,而且这个经验之抽象也在我们心中产生物质底普遍概念。但某物在其现身之空间中所进行的这种抗拒固然以这种方式被**认识**,却并不因此而被**理解**。因为这种抗拒就像所有抵制一个活动的事物一样,是一种真实的力量,而且既然其方向与**接近**底延长线所朝向的方向相反,则它是一种**排拒**底力量,而这种力量必须归诸物质,且因此也归诸其要素。如今每个有理性的人会立刻承认:人类的理解在此到头了。因为唯有借由经验,人们才能认识到:我们所称的**物质**世界中的事物具有这样一种力量;但人们决无法理解这种力量之可能性。而如果我假定另一种出现于空间中的实体,它们不具有那种产生不可穿透性的**推动**力,而具有其他力量,则我当然决无法具体地设想这些实体底一个活动(它与我们的经验表象并无类似之处)。再者,当我从这些实体除去**充塞**其作用所及的空间之性质时,我失去一个通常使我能设想进入我的感觉中的事物之概念,且由此必然产生一种不可思议性。

因此,人们能假定非物质性存有者之可能性,而不虞遭到否定——尽管也无法期望能以理性底根据证明这种可能性。这种精神性存有者将现身于空间之中,而尽管如此，此空间对于有形的存有者而言，总是可穿透的；因为这种精神性存有者之现身固然在空间中包含一种**作用**，但却不包含对空间的**充塞**，亦即一种抗拒（作为坚实性之根据）。如今，如果人们假定这样一种**单纯的**精神实体，则尽管它具有不可分割性，他们仍然可说：其直接的现身之位置并非一个点，而是本身为一个空间。因此，借用类比来说，连物体之单纯要素都必然填满物体中的每个小空间（它是此物体底全部扩延之一个成比例的部分），因为点决非空间之部分，而是其界限。既然对空间的这种充塞系借由一种作用力（排拒）而然，且因此仅显示能动的主体底更大活动之一个范围，而非此主体底组成部分之众多，则这种充塞与此主体之单纯本性决无抵牾——尽管这种可能性的确无法进一步去说明（这在原因与结果之基本关系中决无可能）。同样地，如果我主张一个精神实体虽是单纯的，却仍**占有**一个空间（亦即能在其中直接活动），而不**填满**它（亦即在其中抗拒物质实体），此时虽然此事本身依然无法理解，但至少并无可以证明的不可能性会阻止我。这样一种非物质性的实体也不能被称为扩延的，正如物质之单位一样；因为唯有与一切东西分离且**独自存在**，而占有一个空间之物是**扩延的**。然而，作为物质底要素的实体唯有借由对其他实体的**外在**作用而占有一个空间；但如果没有其他事物被认为与这些实体相联结，而且在它们自身之中也找不到彼此分别存在的东西，则它们并不特别地单独包含任何空间。这适用于物体之要素。这也将适用于精神性存有者。扩延之界限决定形状。因此，在精神性存有者当中，我们无法设想任何形状。此即在宇宙整体中非物质性存有者底被推想的可能性之根据，而这些根据很难理解。谁拥有更简易的办法使人达到这种理解，就不该拒绝教导一个好学的人——在研究底进程中，当他人在眼前看到一条平坦而舒缓的小径（他们正在行走其上或自以为行走其上）时，此人往往看到阿尔卑斯山耸立于前。

如今假定：人们已证明，人底心灵是一个精神（尽管由上文可知：从未有人提出过这样一种证明），则他们会提出的下一个问题或许会是：这个人类心灵在形体世界中的位置何在？我会回答道：若一个物体之变化是**我的**变化，此物体即是**我的躯体**，而其位置也是**我的位置**。如果人们继续问道：**你**（的心灵）在这个躯体中**的位置究竟何在**？我会推想在这个问题中有棘手之处。因为人们很容易看出：在此已预设了某物，它无法由经验去认识，而或许是基于想象的推论；此即：我的思考的我是在一个位置中，这个位置与属于我的自我的那个躯体底其他部分之位置不同。但是没有人直接意识到其躯体中的一个特殊位

第一章　一个错综的形而上学的结，人们能随己意解开或者斩断它　17

置，而是意识到他作为人、就其周遭的世界而言、所占有的位置。因此，我会以通常的经验为依据，而暂时说道：在我有感觉之处，**我即存在**。我直接存在于指尖里，正如存在于脑袋里一样。脚跟感到疼痛且心脏在情绪中鼓动的，是我自己。当我的鸡眼疼痛时，我并非在一个脑神经而是在我的脚趾尖感到痛苦的印象。没有经验教我把我的感觉底若干部分视为远离我，而把我不可分割的自我闭锁在脑中一个要用显微镜才能看到的微小位置中，以便由此启动我的身体机器之杠杆，或是借此使自己被触及。因此，我会要求一个严格的证明，以显示学校教师所言之荒谬，此言即是：**我的心灵遍于整个躯体，而且遍于躯体之每个部分**。①健全的知性时常在理解它能据以证明或阐明一项真理的根据之前，就觉察到这项真理。即使人们说，我以这种方式将心灵设想成有扩延性并且借由整个躯体而扩散，约略像它在《**图绘世界**》②中为孩童所描绘的那样，那么这项反驳也不会使我完全迷惑。因为我会说明：

---

① 参阅：J. G. Darjes: *Elementa mentaphysics,* "Psychologia rationalis", §103. 康德之引文见：Corolla I: "Totam animam in toto corpore omnibusque partibus corporis organicis praesentem esse". ——译者

② 指夸美纽斯（Johannes Amos Comenius, 1592—1670）于1658年首度编纂的插图课本 *Orbis pictus*（Nürnberg, 1657）。——译者

〔心灵〕在整个空间中的直接现身仅证明外在作用之一个范围,却未证明内在部分之众多,因而也未证明扩延或形状;唯当一个空间**单独**存在于一个存有者之中,亦即可见到相互外在的各部分时,扩延或形状才形成——以此方式,我可除去以上的障碍。最后,我若非对我的心灵之精神性质只知道这么一点,就是甚至满足对此一无所知(如果我们不赞同这一点知识的话)。

如果人们要指摘这个想法之不可思议性或者——对多数人而言,这是一回事——其不可能性,则我甚至可让他们这么做。这么一来,我会匍匐在这些智者脚下,以便聆听其高论:人之心灵位于脑中,而脑中一个小的无以名状的位置即其栖止之处。①心灵在那里感觉,一如蜘蛛居于

---

① 人们有负伤之例子:由于负伤,有人失去了大半个脑,却未丧失生命或思想。按照我在此引述的通常想法,我们可把人底脑中的一个原子取走或移开,而使他在一瞬间死亡。流行的看法在脑中为心灵指定一个位置,这似乎主要根源于人们在强力思索时明确地感觉到脑神经紧张起来。然而,如果这项推论正确无误,这也会证明心灵还有其他的位置。在忧惧或喜悦时,这些感觉似乎位于心中。许多情绪(甚至大部分情绪)在横膈膜表现得最为强烈。同情使内脏激动,而其他本能则在其他器官显示其来源或敏感性。人们相信主要是在脑中感觉到思虑的心灵,而使他们如此相信的原因或许如下:一切思索都需要以所要激发的观念之记号为中介,以便在其伴随和支持下给予这些观念以所需要的清晰程度。但是我们的表象之记号主要是这样的记号:它们若非得自听觉就是得自视觉,而这两种感觉均由脑中的印象所引发,因为它们的器官也最接近这个部位。如今,如果这些

第一章 一个错综的形而上学的结,人们能随己意解开或者斩断它 19

其网之中心。脑神经冲击或震动心灵,但因此造成以下的结果:并非这个直接的印象,而是在躯体底极远部位形成的印象被呈现为一个现身于脑部以外的对象。心灵也从这个位置引动整个机器之绳索与杠杆,并且任意引起随便什么运动。这类命题只能非常浅薄地被证明,或甚至完全无法被证明,而且由于心灵之本性根本未充分地被认识,这类命题也只能同样无力地被反驳。因此,我不会参与学院中的争吵,在这种争吵中,通常双方在他们对其题材毫无了解时,却有最多道理可说;而是我只要探究这类的学说能为我导出的结论。因此,由于依据这些被推荐给我的命题,我的心灵就其在空间中现身的方式而言,无异于物质之一切要素,而且知性之力量是一种内在的性质——尽管这种性质见诸物质之一切要素中,我却无法在这些要素中知觉到它——则我们提不出任何恰当的理由来说明:何以

记号(笛卡尔称之为"实质观念")之激发根本是刺激神经产生一种与感觉在过去所产生的运动相类似之运动,则脑部底组织在思虑时尤其将被迫配合从前的印象而震动,并且因之而感到疲劳。因为如果思考也是具有情绪的,则人们不单感觉到脑部之紧张,而是同时感觉到敏感部位之冲击(这些部位通常与处于激情中的心灵之表象有共感)。

【译者按】"实质观念"(ideas materiales)一词见 Christian Wolff: *Psychologia rationalis*, §§ 102ff.; Friedrich Christian Baumeister: *Philosophia definitiva*, ed. III, S. 181. 笛卡尔论"实质观念",参阅:*Passiones animae*, I, art. 23ff., 35, 42.

我的心灵不是构成物质的诸实体之一呢？又何以其特殊现象并非据称仅仅起源于它在一具精巧的机器（如同动物之躯体）中所占的位置，而在此诸神经之结合有助于思考与意念之内在能力呢？但如此一来，我们再也不会确切地认识心灵之任何独特的特征，它将心灵与有形的存有者之未加工的原料区别开来；而莱布尼茨戏谑地想到：我们或许在咖啡中咽下构成人类生命的原子[①]，这不再是个可笑的想法了。但是在这种情况下，这个思考的我将不受制于物质性存有者之共同命运，而且既然它偶然地由一切要素之混沌中产生，以便赋予一具动物性机器以生命，何以在这种偶然的结合终止之后，它不会在将来又复归于混沌呢？有时我们有必要借结论恐吓误入歧途的思想家，使他更加注意仿佛在睡梦中将他引走的原理。

我承认，我十分愿意主张非物质性存有者在世界中的存在，并且将我的心灵本身归入这类存有者之中。[②]但

---

① 参阅：Michael Gottlob Hansche: *Godefridi Guilelmi Leibnitii Principia philosophiae more geometrico demonstrata* (Frankfurt u. Leipzig, 1728), S. 135. ——译者

② 此其理由（它对我自己而言非常隐晦，并且或许将始终如此）同时涉及动物中的感觉的存有者。在世界中包含一项**生命**底原则者，似乎即具有非物质的本性。因为一切**生命**均是以依**意念**（Willkür）而自我决定的内在能力为根据。反之，物质之基本特征在于以一种必然的力量

这样一来，一个精神与一个躯体间的交通岂非变得神秘莫测？而既然我们对于外在行为的概念得自物质底概念，并且始终与压迫和碰撞之条件相结合，而这些条件在此①并不存在，则这种不可思议性岂非也是自然的？因为一个非物质性的实体如何可能阻碍物质，而使物质在运动时碰撞到一个精神呢？再者，有形之物又如何能对一个不以不可穿透性抗拒它们的异物产生作用呢？或者，是什么因素不阻止这些有形之物同时存在于此异物所现身的同一个空间之中呢？一个精神性存有者似乎现身于它与之相结合的物质之最深处，并且不作用于那些使诸元素相互发生关系的力量，而是作用于这些元素底状态之内在原则。因为每个实体，甚至物质底一个单纯元素，必须有某一种内在活动作为外在作用之根据——尽管我无法说明这种内在活动在

充塞空间，而这种力量为外在的反作用所限制；因此，一切物质性的事物之状态均是外在地**依待的**且**受到强制的**，但是据称**自行活动**且由其内在力量产生作用、因而包含生命底根据的那些存有者——简言之，即是其本身的意念能自行决定并改变自己的那些存有者——很难能具有物质的本性。我们无法合理地要求：一个这类不为人知的存有者（我们多半仅以假设的方式认识它）应当在其各种类之划分中被理解；至少包含动物生命底根据的那些非物质性存有者，有别于那些在其自我活动中包含理性且被称为"精神"的存有者。

① 在精神与躯体间的交通中。——译者

于何处。①在另一方面，心灵也能以这类的原理在这些作为结果的内在决定中直观地认识作为其原因的宇宙状态。但何种必然性使得一个精神与一个躯体是合为一体呢？再者，在某些毁灭底情况中，是什么原因使得这种统一再度废止呢？这些问题连同其他各种问题远远超乎我的解悟，而且不论我平常多么怯于就自然底奥秘去测度我的知性能力，我仍然有充分的自信，不畏惧任何有多可怕装备的对手（如果我平常多少好争论的话），以便在此情况下尝试提出反对理由来**驳斥**他；而在学者当中，这种尝试根本是一种相互证明对方无知的技巧。

---

① 莱布尼茨说，该单纯元素底一切外在关系及其变化之此种内在根据是一种**表象力**，而后来的哲学家对这个未完成的思想报之以嘲笑。但如果他们自己事先考虑过，一个像物质底单纯部分那样的实体而无任何内在状态是否可能，他们会做得更好。又如果他们并不想排除这种内在状态，他们便有义务在表象及依待于表象的活动之内在状态以外，想出任何一种其他可能的内在状态。每个人都自行看出：纵使我们承认物质底基本粒子具有一种暗浊表象之能力，由此仍不会产生物质本身之表象力，因为许多这类的实体结合成一个整体，却决无法形成一个思考的统一体。

第二章　开启与灵界间的交通的秘密哲学之断简

〔秘密宗教之〕入门者已使其粗鄙而执着于外在感觉的知性习惯于较高级而抽象的概念；而且如今他能在朦胧中看见脱去有形外衣的精神性形象，而借着这种朦胧，形而上学之微光使幻影王国昭然可见。因此，在熬过了困难的预备工作之后，我们要大胆地步上险途。

> 他们在静夜中幽暗地行经阴影，且经过冥王之空宅与虚幻的王国。
>
> ——维吉尔①

---

① "Ibant obscuri sola sub nocte per umbras, Perque domos Ditis vacuas et inania regna." 语出古罗马诗人维吉尔（Publius Vergilius Maro, 70—19 BCE）的史诗《艾内伊斯》（*Aeneis*, VI, 268/69）。——译者

24　第一部（独断之部）

　　充塞宇宙的**无生命的**物质就其特有的本性而言，是处于惯性底状态之中，并且保持在同一个状态之中。它们具有坚实性、扩延与形状，而其基于这一切根据的现象可以有一种**物理学的**说明，这种说明同时是数学的，而合起来又被称为**机械学的**。在另一方面，如果人们转而注意那种包含**生命**在宇宙整体中的基础之存有者——因此之故，它们并非这类的存有者，即作为要素而使无生命的物质之团块与扩延有所增加，或是依接触与碰撞之法则而受到该物质之影响，而毋宁是借由内在活动使自己连同自然之无生命的材质活化——他们将会相信非物质性存有者之存在（如果不是以一种证明之明晰性，至少是以一种并非不熟练的知性之预感）；这种存有者之特殊的作用法则被称为**精神的**（pneumatisch），而就有形的存有者是这些作用法则在物质世界中的作用之中介因而言，这些法则便被称为**有机的**（organisch）。既然这些非物质性存有者是自发的原则，因而是实体与独立存在的存有者，则人们首先会得到的结论如下：它们彼此直接联合起来，或许可能构成一个大整体，而人们可称之为非物质性的世界（智思的世界——mundus intelligibilis）。因为基于何种或然性之理由人们想要主张：这类具有彼此相似的本性之存有者只能借着其他具有不同特质的存有者（有形之物）来交通（因为后者比前者还要难解得多)?

因此，这个**非物质性**的世界可被视为一个独立存在的整体，其部分纵使无有形之物底中介，仍然相互联结与交通。是以，这后一种关系①是偶然的，而且只能为若干部分所有；甚至不论这种关系见于何处，仍无碍于正是这些借由物质之中介而相互发生作用的非物质性存有者在此之外，还处于一种特殊的普遍结合之中，并且始终作为非物质性存有者而彼此相互影响。是故，它们凭借物质而有的关系只是偶然的，并且是基于上帝之一项特殊安排；反之，前一种关系②是自然的且无法解开的。

于是，由于我们以此方式将整个自然中的一切生命原则当作同样多的非物体的实体（它们彼此交通，但也有一部分与物质相结合）而统合起来，我们设想非物质性世界之一个大整体；这是一个由存有者和活动者组成之庞大而不明的阶序，唯有借由它，形体世界之无生命的材质才被赋予生命。但是，生命扩展到自然底哪个部分呢？而生命之何等程度最邻近全然的无生命呢？这些问题或许决无可能确切地去决定。**万物有生论**（Hylozoismus）

---

① 这是指精神性存有者借由有形之物而成立的关系。——译者
② 这是指精神性存有者不凭借物质而相互影响的关系。——译者

使一切都有生命；反之，若经过仔细考虑的话，**唯物论**（Materialismus）会杀死一切。莫佩尔蒂①将最低程度的生命归诸一切动物之有机的营养分子；其他哲学家在这些分子中无非见到无生命的团块，而这些团块只用来扩大动物性机器之杠杆装置。在我们的外感所及事物中，生命之确切特征或许是自由的运动，而这种运动在此显示：它起源于意念。然而，如果说在未见到这个特征之处，亦无任何程度的生命存在，这项推论并不可靠。布尔哈维②在一处说道：**动物是一种植物，其根在胃中**（在内部）。或许另一个人也能同样不受指摘地玩弄这些概念而说道：**植物是一种动物，其胃在根中**（在外部）。因此，植物也可能欠缺随意运动之器官，连带地也欠缺生命之外在特征；但这些特征对于动物却是必要的，因为一个在自身之内拥有其营养器官的存有者必须能依其需求而自行运动。但是若一个存有者之营养器官外在地埋藏于其维生底要素之中时，则外在力量已足以维持其生存；再者，纵使这个存有

---

① 莫佩尔蒂（Pierre Moreau de Maupertuis, 1698—1759）是法国物理学家及数学家。——译者

② 布尔哈维（Hermann Boerhaave, 1668—1738）是荷兰医学家、植物学家及化学家。康德之引文出自其 "alimenta plantarum radicibus externis, animalium internis, hauriunter"（植物借外在的根，动物则借内在的根来吸收食物），*Elementa chemiae*（1732）, Vol. 1, p. 64. ——译者

第二章　开启与灵界间的交通的秘密哲学之断简　27

者含有植物中的一项内在生命之原则，却不需要有机组织来从事外在的随意活动。我不需要这其中的任何想法作为论据，因为除了我能够提出极少理由来支持这类臆测之外，它们还被时尚嘲笑为尘封而过时的奇怪想法。因为古人以为能假定三类生命：**植物的、动物的与理性的**。当他们将生命之这三项非物质性原则在人类之内结合起来时，他们可能错了。但是当他们将这些原则分配给三类生长的且繁衍其同类的受造物时，他们的确谈到某种无法证明但不因此为荒谬之事，特别是在那个人底判断中——他想要考虑从若干动物分离出来的部分之特殊生命、一个动物躯体及若干植物底纤维之既已证明但同时也无法说明的性质（即刺激易感性），以及最后是珊瑚虫及其他植物型动物与植物之相近的亲缘性。此外，诉诸非物质性原则是懒惰哲学之一个避难所，且因此这种风格的说明方式也要尽可能去避免，以使宇宙现象之原因（它们单以物质之运动法则为依据，并且也是唯一可理解的）全盘被认识。尽管如此，我仍然相信：**施塔尔**[①]（他愿意以有机的方式来说明动

[①] 施塔尔（Georg Ernst Stahl，1660—1734）是德国医学家及化学家，曾任哈勒（Halle）大学医学教授，并为普鲁士国王御医。在医学上他建立一个"泛灵论"（Animismus）之系统。——译者

物之变化）往往比**霍夫曼**[①]、**布尔哈维等人**更接近真理；后面这些人不考虑非物质性的力量，而诉诸机械原因，并且在此采行一种更有哲学性的方法——这种方法虽然偶会失误，但多半合用，而且甚至只有它能在科学中发挥功用，而在另一方面，对于具有无形体的本性之存有者底影响，我们至多只能知道其存在，却决无法知道它如何发生，以及其作用及于多远。

332　　因此，这样一来，非物质性世界首先包含一切受造的智性体（它们之中有些与物质结合成一个人，其他则不然），此外也包含在一切种类的动物中的感觉主体，最后则包含一切生命原则，而不论它们在自然中还存在于别的什么地方——尽管这种生命并不借由随意运动之外在特征显现出来。我说，这一切非物质性存有者（不论它们在形体世界中是否有其影响），以及一切偶然成为动物的有理性者（不论它们存在于地球上还是其他星球上，也不论它们目前或未来赋予物质底素材以生命，还是从前已赋予物质底素材以生命）将根据这些概念，依其本性相互交通。这种交通并非基于那些限制物体底关系的条件，而在此，

[①] 霍夫曼（Friedrich Hofmann, 1600—1742）是德国医学家及化学家，曾任哈勒大学医学教授，并为普鲁士国王御医。在医学上他以发明止痛剂"霍夫曼滴剂"（Hoffmanns-Tropfen）而知名。——译者

地点与年代之距离（这种距离在有形世界中构成取消一切交通的巨大鸿沟）消失了。因此，人类心灵就在此生必须被视为同时与两个世界相联结，而对于这两个世界，就人类心灵与一个躯体结合成人格的统一体而言，它便仅清楚地感觉到物质世界。在另一方面，作为精神世界底一个成员，人类心灵接受且给予非物质性存有者之纯粹影响，因而一旦它与躯体间的结合终止后，便只剩下它与精神性存有者间始终保持的交通，而且这种交通必然显现于它们的意识，而成为清楚的直观。①

始终使用理性底谨慎语言，对我来说简直是个麻烦。何以我不可以也用学院式的语调发言呢？这种语调是更为决然的，并且使作者和读者免于思索，这种思索迟早必定

---

① 如果人们说天国是至福者之所在，那么通常的想法宁愿将它高高置于上方，在无可测度的宇宙中。但是他们没考虑到：从这些地区看来，我们的地球也显现为天上的星球之一；而且其他世界之居民也能以同样好的理由指着我们说道：看那永恒的喜乐之居所与天上的居留地，它准备有朝一日接纳我们！因为一个奇妙的幻觉使希望所乘的高飞始终与上升底概念相结合，而未考虑到：无论他上升到多高，仍得再度下降，以便必要时在另一个世界立定脚跟。但依照上述的概念，天国根本是精神世界，或者其至福的部分（如果他愿意这么说的话）；而且他既不能在上方，也不能在下方寻找精神世界，因为这样一种非物质性的整体不可依其距离有形体之物的远近被设想，而是必须在其**部分**彼此间的精神性联结中被设想——至少其成员仅依这种关系意识到他们自己。

使他们陷于恼人的犹豫不决。因此,我们几乎已证明,或者能轻易证明(如果我们想要详述的话),或者更恰当地说,将来会证明(我不知在何时或何地):即使在此生,人类心灵也与精神世界底一切非物质性存有者在无法分开的联结中交通,因而对这些存有者相互发生作用,而且由它们接受印象;但是只要一切稳当,心灵(作为人)就不会意识到它们。在另一方面,以下的情况也是可能的:精神性存有者对于形体世界无法有意识地直接具有感性的感觉,因为它们不与物质底任何部分结合成一个人,以便凭借物质底部分意识到它们在物质世界整体中的位置,且借由精巧的器官意识到扩延物与它们自己,以及扩延物彼此间的关系;然而它们能注入人底心灵(作为有同样性质的存有者)中,而且实际上也始终与之相互交通;但是在传达表象时,心灵(作为一个依待于形体世界的存有者)本身包含的表象无法传给其他精神性存有者,而这些精神性存有者之概念(作为对于非物质性事物的直观表象)无法传给人底清明意识(至少就这些概念底真正特质而言),因为这两种理念之材料属于不同的种类。

如果精神世界之这一类有条理的状态(如我们所设想的),能够不单从一般而言的精神本性之概念(它根本是太过假设性的),而是从某种实际的且普遍被承认的观察

第二章 开启与灵界间的交通的秘密哲学之断简 *31*

去推断出来,甚或只是臆测其可能性,这将是美妙之事。因此,我请读者谅解,而冒昧地在此插入这一类的尝试;这种尝试固然有点离开正题,而且距离明显性也够遥远,但似乎仍然引发并不令人讨厌的臆测。

* * *

在鼓动人心的力量当中,若干最强大的力量似乎在人心之外;因此,这些力量决非仅作为手段而涉及自私与私欲(作为**在人本身之内**的目标),而是它们使我们的激动之倾向将其辐辏点置于**我们以外**的其他有理性者之中。由此产生两种力量之冲突,即是私己性(Eigenheit)(它让一切都涉及自己)与公益(它驱动或牵引心灵到自己以外的其他人)这两种力量之冲突。我撇开一种欲望——由于它,我们极强烈而普遍地执着于他人之判断,并且将他人之同意和赞许视为完成我们对自己的判断所必要者。尽管由此偶尔会产生一种被误解的荣誉狂,但甚至在最无私且最真诚的性情中仍可察觉到一种秘密的趋向,将人们自己认为**善的**或**真的**事物与他人之判断加以比较,以使两者一致;而且在每个人类心灵似乎走上我们走过的道路以外的另一条小径时,仿佛在认识之途上使它停住。这一切或许是我们自己的判断对于**普遍的人类知性**之一种被感觉到的依待性，并且成为一种手段，以便使全体思考的存有者取得一种理性之统一。

但是我略过这项在其他情况下并非无关紧要的考察，而现在诉诸另一项考察；就攸关我们的目标而言，这项考察是更为显明且更为重要的。如果我们使外物涉及我们的需求，则我们无法这样做，而不同时感到自己受到某种感觉之束缚与限制；这种感觉使我们察觉：在我们内部仿佛有一个外来的意志在发生作用，而且我们自己的愿望需要以外在的同意为条件。一种秘密的力量迫使我们同时将我们的意图对准他人之福祉，或依外来的意念调整我们的意图（尽管我们往往不情愿这么做，而且这与自利的爱好强烈冲突），且因此我们的欲望底方向线之辐辏点并非仅在我们之内，而是还有鼓动我们的力量在于我们以外的他人之意欲中。由此便产生经常违逆自利之念而引动我们的那些道德冲动，即强烈的责任（Schuldigkeit）法则和较弱的善意（Gütigkeit）法则；这两者均强使我们作若干牺牲，而且纵使它们偶尔被自利的爱好所压制，但在人性中仍然不会不显示出其现实性。借此我们见到自己在最隐秘的动机中依待于**共同意志之规则**，且由此在所有思考的存有者之世界中，一种**道德的统一**与有条理的状态依纯然精神性的法则而产生。如果人们要将这种使我们的意志符合共同意志，而为我们所感觉到的强制称为**道德情感**（Sittliches Gefühl），则他们只是将它当作实际发生于我们内部的事物之现象来谈论，而未确定其原因。所以**牛顿**将一切物质相互接近的倾向之确定法则称为物质之**重力**（Gravitation），因为他不想使其数学的证明恼人地卷入可能关于重力底原因的哲学争论之中。但他仍然无所迟疑地将这种重力当作物质底相互的普遍活动之真实作用来讨论，且因此又予它以**引力**（Anzichung）之名。难道我们不可能将相互关联的思考存有者中的道德冲动之现象同样设想为一种真实活动的力量（精神性存有者借此力量相互交流）之结果，而使道德情感成为个人意志对于共同意志之**被感觉到的依待性**，并且是自然而普遍的交互作用之结果；由此，非物质性世界依照其特有的关联之法则形成一个具有精神圆满性的系统，因而达到其道德的统一吗？如果人们承认这些想法似乎有极大的真实性，而值得费力以结果去衡量它们，他们或许将会因其吸引力而不自觉地陷入对它们的几分偏袒。因为在此情况下，那些通常由于人在地球上的道德关系与自然关系之矛盾而显得奇怪的失序似乎泰半消失了。行为之一切道德性绝无法依自然底秩序在人底肉体生命中有其完全的效果，但却能依精神的法则在精神世界中有其完全的效果。真实的意图、许多因无力而无成果的努力之秘密动机、自我超克甚或有时在表面看来善良的行为中所隐藏的狡诈，泰半对于身体状态中的自然结果均徒劳无功；但是它们必须以此种方式在非物质性的世界中被视为有成效的根据，并且就这个世界，依照精神的法则、根据个人意志与普遍意志之联结（亦即精神世界之统一与整体），产生一种合乎自由意念之道德特质的作用，甚或相互接受这种作用。因为既然行为之道德因素涉及精神之内在状态，它自然也只能在诸精神之直接交通中引起与全部道德相称的作用。由此会产生以下的情况：人之心灵必然在此生已根据道德状态在宇宙之诸精神性实体当中占有其位置，如同宇宙之诸物质依照运动法则彼此处于这种合乎其形体底力量的秩序之中。[①]如果心灵与形体世界间的交通最后因死亡而被废止，则在另一世界中的生命将只是该心灵在此生与形体世界间已有的联结之自然延续；而且在此处所履行的道德之全部结果，将在彼处再度出现于一个与整个精神世界紧密交通的存有者早已在那里依精神法则所产生的作用之中。因此，现在与未来将仿佛出于一体，

[①] 人与精神世界依照精神感应之法则、由道德底根据所产生的交互作用，人们能设想如下：由此在一个善的或恶的心灵与善的或恶的精神之间自然地产生一种更亲密的交通，而且该心灵本身借此加入精神共和国中合乎其道德特质的部分，而分享一切可能依自然秩序由此产生的结果。

第二章　开启与灵界间的交通的秘密哲学之断简　35

并且形成一个持续不变的整体（甚至根据**自然底秩序**）。后面这一种情况具有特殊的重要性。因为在一个纯然基于理性底根据而作的臆测之中，如果人们为了消除由于道德及其结果在此世中未完成的和谐而产生的缺憾，必须乞灵于一种超乎寻常的上帝意志，则这有一项极大的困难。因为不论依我们对于上帝智慧的概念，关于上帝意志的判断是如何可能，始终会留下一种强烈的怀疑，即是：或许我们的知性之薄弱概念极其不当地被套用在至高者之上，因为人之义务只是从他在此世实际上所知觉到，或者他能依类比规则按照自然秩序在此世所推想的协调去判断上帝意志；但他无权按照他自己的智慧之设计（他同时使这种设计成为上帝意志之规范）在现世或来世编造新的任意安排。

* * *

现在我们将我们的考察再度引回原先的道路上，并且趋近于我们已为自己预定的目标。如果精神世界及我们的心灵之参与其间，如同我们提供的概要所表述的，那么几乎没有任何事情似乎比以下的事情更为奇怪：与精神交通并非极普遍而平常之事，而且其超乎寻常之处关乎这些现象之稀有性，几乎更甚于其可能性。但是这项困难极容易消除，并且也已经部分消除了。因为人底心灵借由一种非物质性直观（因为它以它与具有类似本性的存有者之关系来看待自己）对于自己（作为一个精神）所具有的表象，完全有别于其意识借由一种图像——这种图像起源于身体器官之印象，并且无非在其与物质性事物之关系中被呈现——所呈现的自己（作为一个人）。因此，同时属于有形世界与无形世界而为其成员者固然是同一个主体，但却不是同一个人格。因为一个世界底表象由于其不同的特质，并非另一个世界底表象之附随观念；且因此作为精神的我所思考的事物并不被作为人的我所想起，而反过来，作为一个人的我之状态根本不进入作为一个精神的我自己之表象中。此外，不论人们对于精神世界的表象是如何清楚而鲜明①，这却不足以使作为人的我意识到那个世界；这

---

① 这点人们可借由心灵甚至就此生而言所具有的某一种双重人格性来阐释。当某些哲学家想要证明暗浊表象之现实性时，他们相信能诉诸熟睡状态，而丝毫不担心遭到反对，因为对此我们只能确切地说，我们在清醒时想不起我们在熟睡时可能有过的任何表象；而由此我们只能推知：这些表象在清醒时并非清楚地被呈现，而非：它们在我们睡眠之时也是暗浊的。我宁可推想：这些睡眠中的表象可能比清醒时甚至最清楚的表象都更为清楚而广阔；因为在一个像心灵般地活动的存有者之外感完全静止时，这是可以期待之事——尽管由于人之躯体在此时并未连带地感觉到，所以在清醒时躯体并无附随的观念，它们能促使我们意识到思想之先前状态正属于同一个人格。有些梦游者偶尔在这种状态中显示出比平常更多的知性（虽然他们在清醒时对此毫无记忆）；他们的行为证实我对熟睡所作的推想之可能性。反之，梦（亦即睡眠者在清醒时所记得的表象）则不属于此类。

第二章　开启与灵界间的交通的秘密哲学之断简　37

如同甚至我们对于作为一个精神的自己（亦即心灵）之表象固然得自推论，但对于任何人而言，它并非一个直观的经验概念。

然而，精神性表象与属于人底肉体生命的表象之不同类不可被视为一个重大障碍——它使我们完全无可能甚至在此生偶尔意识到由精神世界方面而来的感应。因为这些精神性表象固然无法直接进入人底个人意识之中，但却依以下方式进入：它们依概念结合之法则激发与它们相近的图像，并且唤起我们的感觉之类似表象（这些表象固然不是精神性概念本身，但却是其象征）。因为如同一个成员般既属于这个世界，也属于另一个世界，始终是同一个实体，而且这两种表象属于同一个主体，并且相互联结。如果我们考察，我们的较高级的理性概念（它们极接近精神性概念）通常如何仿佛披上一件有形体的外衣，以使自己显豁，我们便能使上述情形之可能性多少可以理解。因此，神之道德特质依愤怒、嫉妒、慈悲、报复之类的表象

因为在此情况下，人并非完全睡着；他在某种程度上清晰地感觉，并且将其精神活动编入外感底印象之中。因此，他事后部分记得这些活动，但在它们之中也只见到狂乱而无聊的妄想——这些活动必然就是如此，因为在它们之中，幻想底观念和外在感觉底观念相互混在一起。

【译者按】所谓"某些哲学家"云云，参阅：J. G. Darjes: "Psychologia empirica", *Elementa metaphysices*, §26.

而被设想；因此，诗人将德行、罪恶或其他自然特质人格化，但却使知性底真正观念透显出来。所以，虽然空间和时间仅在关系中相协调，且因此固然依类比但决非依性质彼此相合，几何学家仍以一条线来呈现时间。是故，即使对哲学家而言，上帝底永恒性之表象也具有一个无限时间之外貌，而不论我们如何慎防混淆这两者。而数学家通常不愿承认**莱布尼茨**的单子，其中一个重要的原因或许是：他们不得不将这些单子设想为小团块。因此，以下的情况并非不可能：当精神性的感觉引起与它们相近的幻想时，它们能进入意识之中。借着这种方式，由一项精神感应所传达的观念具现为人类平时使用的**语言**之记号，一个精神之被感觉到的现身具现为一个**人类形体**之图像，非物质性世界之秩序与美则具现为平时在生活中使我们的感觉愉快的幻想等。

尽管如此，这类现象却不是普通而寻常之物，而是只发生于某些人身上——他们的器官①有一种异常大的敏感性，能借和谐的运动依心灵底内在状态强化幻想底图像，

---

① 这并非意指外在感觉之器官，而是人们所称的"心灵之感觉中枢"，亦即脑中的一个部分，其运动如哲学家所以为的，经常伴随思考的心灵之各种图像和表象。

【译者按】所谓"心灵之感觉中枢"，请参阅本书第17页"译者按"。

第二章 开启与灵界间的交通的秘密哲学之断简 39

甚于通常在正常人身上所发生而且也应当发生之事。这类不凡的人在某些时刻会被若干在他们之外的对象之出现所纠缠，而他们会认为这是精神性存有者之现身，这种现身影响到他们的身体感觉——尽管在此只产生想象之一种幻觉。但此种幻觉之原因却是一种真正的精神感应——这种感应无法直接被感觉到，而是仅借由幻想之相近图像（它们具有感觉之外貌）呈显于意识。

由教育得来的概念或甚至在其他情况下混进来的各种幻觉将在此产生作用，使迷惑与真理相混淆，而且虽然有一种实际的精神性感觉作为根据，但这种感觉却已被变造成感性事物之影像。但人们也会承认，在此生中以这种方式将精神世界之印象开展成清楚的直观的那种特质在此很难有所助益；因为精神性感觉在此必然如此准确地被编入想象底幻影之中，以致在这种感觉中将真实之物与环绕它的粗俗假象区别开来，是断无可能之事。此一状态也显示一种实际的疾病，因为它预设神经中一种已改变的平衡状态，而这些神经甚至由于仅以精神方式去感觉的心灵之作用而处于不自然的运动之中。最后，如果我们见到一个通灵者同时是个幻想家（至少就他这些幻象之伴随图像而言），将完全不足为异。因为在本性上不为人所熟悉且与人底肉体状态中的表象不相容的表象凸显出来，并且将配置不当的图像引入外在感觉之中，而狂乱的妄想和奇特的怪相由此被捏造出来；尽管它们可能有一种真实的精神感应为依据，它们仍带来一连串的迷惑受骗的感觉。

如今人们能无困惑地对于哲学家极常碰到的鬼怪故事，以及偶尔传闻的各种神灵感应提出表面看来合理的根据。逝去的灵魂与纯粹的精神固然绝无法现身于我们的外感之前，此外也无法与物质交通，但却对人底精神（这种精神与它们同属于一个庞大的共和国）产生作用，以致它们在人底精神中所引发的表象依其幻想底法则具现为相近的图像，并且使与它们相符的对象仿佛出现在人底精神外面。这种错觉能涉及每一种感觉，而且不论这种错觉与荒唐的幻影如何相混淆，这都不会妨碍人们在其中臆想精神感应。如果我还要继续讨论这种说明方式之应用的话，我将侮辱读者之洞察力。因为形而上学的假设具有一种如此不寻常的变通性，以致如果人们甚至在探究了任何一个故事之真实性（这在许多情况下是不可能的，而在更多的情况下是非常无礼的）以前，无法使目前的假设符应这个故事，他们必定是极为笨拙的。

但倘使曾有一个人，其结构不仅适于有形世界，也在某种程度上适于无形世界，那么当我们把他可能得到的利弊相互加以衡量比较时，这类的礼物似乎等于朱诺①用以荣耀忒瑞西阿斯②的礼物——前者先把后者弄瞎，以便能赋予他预言的天赋。因为依据上述诸命题来判断，人们要丧失为〔认识〕**眼前**世界所需的若干知性，才能在此得到关于**另一个**世界的直观认识。我也不知道：是否连某些哲学家也能完全不受这项严峻条件之限制；这些哲学家极勤奋而专注地将其形而上学的望远镜朝向那些遥远的地区，并且能陈述那边的神奇事物；至少我不嫉妒他们的任何发现。只是我恐怕：任何有良好知性而较不细腻的人会向他们暗示**布拉赫**③的马车夫有一次回答他的同样一句话——当布拉赫认为在夜间能以最短的路程驰向星辰时，他的马车夫答道：**老爷！对于天空您可能很了解，但是在这地球上您却是个傻子。**

---

① 朱诺（Juno）在罗马神话中是司职婚姻的女神，为天神朱庇特（Jupiter）之妻，相当于希腊神话中的赫拉（Hera）。——译者
② 忒瑞西阿斯（Tiresias）是忒拜（Theben）城之预言家。根据希腊神话，他有一次在山中漫步，见到两条蛇交媾，便举杖打死母蛇。他立刻变成女人。七年之后，又发生同样的事情，他才恢复男身。由于他有这种变性之经验，有一回天神宙斯（Zeus，相当于罗马神话中的朱庇特）与赫拉发生争执，便把他召来，以决定在爱情中到底是男人还是女人获得较大的乐趣？他答道：女人得到十分之九的乐趣。赫拉大怒，便把他弄瞎。宙斯为了补偿他，便赋予他预知的能力及七倍于常人的寿命。——译者
③ 布拉赫（Tycho de Brahe, 1546—1601）是丹麦天文学家。——译者

第三章 反神秘宗教：断绝与灵界间之交通的通俗哲学之断简

亚里士多德在某处说：当我们清醒时，我们有一个共通的世界；但是当我们做梦时，每个人有他自己的世界①。在我看来，人们或许可倒转后面一句而说：当不同的人当中每个人有其自己的世界时，可以推想他们在做梦。基于这点，如果我们考察各种思想世界之**幻景建筑师**（他们每个人均平静地住在其思想世界里，而排斥其他的思想世界）——例如，住在由**沃尔夫**以少数的经验素材但却更多

---

① 此句出处不详，可能是康德记错了，因为先苏格拉底时期的希腊哲学家赫拉克利特有类似的话："清醒者有一个唯一的共通世界，但是在瞌睡时，他们每一个都躲进他自己的世界里。"参阅：Hermann Diels/Walther Kranz (Hg.): *Die Fragmente der Vorsokratiker*（Berlin: Wiedemannsche Verlagsbuchhandlung, 1960）, Bd. 1, S. 171, Fragment 89. ——译者

的剽窃概念所建造之事物秩序中的人，或者住在由**克鲁修斯**借由关于**可设想者与不可设想者**的若干箴言之魔力凭空造成的事物秩序①中的人——，则我们在见到其幻景之矛盾时，将耐心等待，直到这些先生从梦中醒来。因为如果他们一旦幸运地完全清醒，也就是说，睁开眼而拥有一种可与他人底知性一致的眼力，则他们之中无人会见到任何东西在他们的论据之光照下，对于其他每个人不会同样显得明显而确实，而哲学家此时将住在一个共通的世界，像是数学家早已拥有的那个世界之中。只要晚近在学术底视野中已显现的若干征候与预兆可以信赖，这个重大的事件不久就会发生。

感觉底梦幻者与**理性**底**梦幻者**有某种近似性，而通常那些偶尔与神灵有关系的人被归诸前者。这是由于他们像

---

① 在康德于1762年完成的《关于自然神学与道德学底原理之明晰性的探讨》一文中有一段评论克鲁修斯（Christian August Crusius, 1715—1775）的话："〔……〕关于这位名人想为所有知识（因此也包括形而上学知识）提出的一切确实性之最高规则——'**我只能设想为真实的事物是真实的**'云云——，我们很容易理解：这个命题决不能是任何知识底真实性之根据。因为如果人们承认：除了'因为人们不可能认为它不是真实的'之外，他们无法提出真实性之任何其他根据，则人们暗示：对于真实性根本无法提出进一步的根据，而且这项知识无法证明。而今，当然可能有许多无法证明的知识；但是，对这些知识的确信之情是对其真实性的一种承认，而非一项论据。"（*KGS*, Bd. 2, S. 295）——译者

理性底梦幻者一样,看到其他正常人所看不到的某物,并且与对其他任何人通常不显现的存有者有他自己的交通(不论其他人有多敏锐的感觉)。如果人们预设:上述的现象终归只是幻影,则就两种现象本身几乎同是编造的图像,而这些图像仍有如真实的对象,欺骗感觉而言,甚至"梦幻"之名称也是恰当的。然而,如果人们想象:这两种错觉此外就其产生方式而言,也足够类似,而使人以为一者之根源也足以说明另一者,他们便大大欺骗了自己。如果有人在清醒时沉迷于其始终丰富的想象所编造的虚构和妄想,以至于漠视他目前最切身的感官底感觉,他便有理由被称为**清醒的梦幻者**。因为只要感官底感觉在强度上再减弱一点,他就会睡着,而且先前的妄想将成为真实的梦。何以感官底感觉在清醒时就不是梦呢?其故在于:他此时设想这些感官底感觉是**在自己之内**,但是他感觉到的其他对象是**在自己之外**,因此将前者视为他自己的活动之结果,而将后者视为他从外面感觉且承受的东西。因为在这里,一切均系于对象与他(作为一个人)、因而也与其躯体之被设想的关系。因此,上述的图像在他清醒时固然能使其心思非常忙碌,但却无法欺骗他(不论这些图像是多么清晰)。因为尽管这样一来,他在脑中对他自己及其躯体也有一个表象,而他使其幻想的图像与这个表象产生

第三章 反神秘宗教：断绝与灵界间之交通的通俗哲学之断简

关系，但是对其躯体的实际感觉却借由外感而形成与那些妄想间的对比或反差，以便将那些幻想的图像视为自己编造的，而将这个表象视为被感觉到的。如果此时他逐渐入睡，其躯体之被感觉的表象便逐渐消失，而只剩下自己虚构的表象；其他妄想则被认为与这个虚构的表象有外在的关系，并且也必然欺骗做梦者（只要他在睡眠中），因为在此并无感觉可与这个表象相比较，以使原型与幻影（亦即外在之物与内在之物）可以区别。

因此，通灵者不单是在程度上而是在种类上与清醒的梦幻者完全不同。因为通灵者在清醒时（并且常在其他感觉最为鲜明时）将某些对象归诸他们在周遭实际知觉的其他事物之外在位置上；而这里的问题只是：他们怎么会把其想象底假象置于自己之外，并且使之与其借由外感感觉到的躯体发生关系呢？其幻影之高度清晰性不可能是此事之原因，因为此处的问题在于这个幻影被当作一个对象而置入的位置。因此，我期望人们说明：心灵如何将这样一个图像（心灵的确该设想它被包含于自己之中）置于一个完全不同的关系中，亦即置于一个**外在的**位置，而且在呈现于其实际感觉前的诸对象之间。即使有人举出其他与这类幻觉多少相似的事例（譬如在发烧状态中的情况），也无法打发我。因为不论这个被欺骗的人底状况是健康的还

46 第一部（独断之部）

是病态的，我并不想知道：这种事在其他情况下是否也发生？而是想知道：这种欺骗如何可能？

但是我们在使用外感时发现：在感觉中，除了对象被呈现时的清晰性以外，人们也一并了解这些对象之位置；〔这种了解〕或许①并非总是同样正确，但仍是感觉之一项必要条件——若无这项条件，我们不可能设想事物在我们之外。在此，以下的情况变得极为可能：我们的心灵在其表象中将被感觉的对象置于印象底不同方向线（该对象形成了这些方向线）延伸时所会合之处。因此，人们在从眼睛逆反光线射入的方向所画的诸线条相交的位置上看到一个发光点。这个点人们称为视点。就实际②而言，它固然是**散光点**，但在表象中，它却是感觉据以接受印象的诸方向线之**聚合点**（即虚焦点，focus imaginarius）。因此，人们甚至借由单眼为一个有形的对象决定位置，如同在其他情况中所发生的，一个物体之光谱凭借一个凹透镜在空中被看到，正好是在从对象底一点射出的光线在落入眼中以

---

① 原文在"或许"（vielleicht）之后有"有时"（bisweilen）一词，与接下来的"总是"（allemal）一词不协调，故依 Emil Wille 之建议删去。参阅：Emil Wille: "Konjekturen zu mehreren Schriften Kants", *Kant-Studien*, Bd. 8 (1903), S. 338. ——译者

② 此处依 Emil Wille 之建议，将原文的 Wirkung（结果）改为 Wirklichkeit（实际）。参阅同上注。——译者

前相交之处。①

由于声音之冲击也是循着直线进行，人们或许同样能就声音之印象假定：声音之感觉同时有一个虚焦点之表象伴随，而这个虚焦点被置于由脑中被震动的神经组织向外延伸的直线交会之处。因为纵使声音轻微，而且发自我们的背后，人们仍多少觉察到一个发声的对象之位置和距离——虽然能由此画出的直线并非正中耳穴，而是落在头部之其他位置上，因而人们必得相信：在心灵之表象中，震动之方向线被向外延伸，而且发声的对象被置于其交会点之上。在我看来，对于其余三种感觉也能同样这么说，而这些感觉与视觉和听觉不同之处在于：感觉之对象与感官直接接触，且因此感性刺激之方向线在这些感官自身之中有其会合点。②

为了将这个道理应用于想象（Einbildung）之图像，容我以**笛卡尔**所假定而为其后大多数哲学家所赞同的一点

---

① 我们对于相近对象之表面位置所作的判断在光学中通常如此被表述，而且这项判断也与经验极为吻合。然而，由一点放射出的同样光线，由于它们在眼球之水漾液中的折射并非分散地射及视神经，而是在那里聚合于一点。因此，如果感觉仅发生于视神经之中，则虚焦点必然不被置于躯体之外，而是被置于眼球底部。这就造成一项困难，而这项困难我目前无法解决，并且似乎与上述的诸命题与经验均不相容。

② 味觉、触觉可说是如此，但嗅觉似乎并非如此。——译者

为根据，此即：想象力之一切表象在脑部之神经组织或神经中枢里同时有某些运动伴随，这些运动人们称为"实质观念"①；这即是说，〔这些表象〕或许有与它们分离的纤细要素之颤动或震动伴随，而且这种颤动或震动类似于感性印象所能造成的那种运动，而感性印象是其〔这种颤动或震动之〕副本。但如今我要求〔你们〕承认：在幻想中的神经运动与在感觉中的神经运动之最主要区别在于：在前者，运动之方向线在脑部之内相交；而在后者，运动之方向线却在脑部之外相交。因此，由于在醒时的清晰感觉中，虚焦点（对象在其中被呈现）被置于我之外，而我此时可能有的幻想之虚焦点却被置于我之内，则只要我醒着，就不会不将想象（作为我自己的幻影）与感官底印象区别开来。

如果人们承认这点的话，我认为：我能对于人们称为"妄想"，以及在更高的程度上称为"疯狂"的那种心神错乱之原因，提出可理解的说法。这种疾病之特点在于：心神混乱的人将只是其想象底对象置于他自己之外，并且视之为实际出现于其眼前的事物。而我已说过：依照通常的秩序，在脑中作为物质性辅助工具而伴随幻想的运动之方

---

① 参阅本书第17页"译者按"。——译者

第三章　反神秘宗教：断绝与灵界间之交通的通俗哲学之断简　49

向线必然在脑子内部相交，且因而他意识到其图像所在的位置在他清醒时被认为在他自己之内。因此，如果我假定：由于任何一种意外或疾病，脑部之某些器官被扭曲，并且失去其应有的平衡，以致与若干幻想相协而共振的神经之运动，循着由脑部延伸而会在其外相交的这类方向线进行，则虚焦点被置于思想主体之外①，并且仅由想象产生的图像被设想为一个现身于外感前的对象。对于一个事物之假想现象（依照自然秩序，它不该出现）的震惊——尽管这样一种幻想底影像起初也只是微弱的——不久便引起注意，并且使虚幻的感觉极为鲜明，而使被欺骗的人不怀疑其真实性。这种欺骗能涉及每一种外感，因为在每一种外感，我们均有想象中的复制图像，而且神经组织之错乱能使人将虚焦点置于一个实际存在的形体对象之感性印象

---

① 人们可以举醉酒者之情状当作与上述意外略微相似的例子。醉酒者在这种情况下以双眼看到双重影像，因为由血管之膨胀产生一种障碍，使他们无法调节眼轴，以致其延长线相交于对象所在之点上。同样地，脑血管之病变（这或许只是暂时的，而且它在延续时仅涉及若干神经）可能促使某些幻象甚至在清醒时都显现在我们之外。一种极普通的经验能与这种错觉相比较。当人们睡醒之后，以一种近乎假寐的悠闲且仿佛以呆滞的眼睛注视床帐或套子底各色丝线或者近处墙上的小污点时，他们很容易由这些东西形成人面底形状及这类事物。一旦人们想要〔消除它们〕并且集中注意时，这个幻觉便消失了。在此，幻想底虚焦点之转移多少受制于意念，而在疯狂时，这种转移无法为任何意念所阻止。

所从出之处。这样一来，如果幻想者相信自己极清晰地看到或听到许多除他之外无人知觉到的东西，便不足为奇了。同样地，如果幻影显现于他面前，又突然消失，或者当这些幻影迷惑一种感觉（譬如视觉）时，却无法被其他的感觉（譬如触觉）所感知，且因而似乎是可穿透的，这亦不足为奇。通俗的灵异故事极易导致这类的规定，以致它们使我们极有理由怀疑：它们可能是由这样一种来源所产生的。因此，**精神性存有者**之流行概念（我们在前面由平常的言语使用引出这个概念）也十分符合这种错觉，并且不否定其根源，因为"在空间中以可穿透性现身"的性质据称构成这个概念之基本特征。

以下的情形也是极为可能的：由教育得来的概念为有病的头脑提供关于精神底形象的虚妄性想象之材料[①]；而一个全无这种成见的脑子纵使突然发生错乱，决不会如此轻易地编造出这类的图像。再者，人们由此也了解：既然幻想者之病根本无关乎知性，而关乎感官之错觉，则此不幸者无法凭借推理消除其幻觉；因为感官之真实的或虚假的感觉本身先于知性之一切判断，并且具有一种

---

① 译者之翻译系根据Karl Vorländer之校订，将"von Geistergestalten"从"Erzihungsbegriffe"移到"Einbildungen"之后。——译者

第三章　反神秘宗教：断绝与灵界间之交通的通俗哲学之断简　51

远远超乎其他一切劝说的直接显明性。

由这些考察所产生的结论具有以下的不宜之处：它使得上一章中的深刻推测成为完全多余的，而且不论读者多么愿意多少赞同其中的理想规划，仍会宁取那个在裁决时更加方便而简单并且能期待更广泛的赞同之概念。因为从经验提供给我们的材料中取得说明之根据，较诸迷失于一种半虚构、半推论的理性之眩人的概念中，似乎更合乎理性的思考方式；此外，这后面的方式多少还会引起嘲笑，而不论这种嘲笑有无道理，它均比任何其他的手段为更有力的手段，去制止无用的探究。因为想要以一种认真的方式解释幻想者之幻影一事已引起一种不利的揣测，而且在这样糟糕的圈子里出现的哲学受到怀疑。我在前面固然并未否认此类幻象中的妄想，而毋宁是将它（虽然并非当作一种想象的灵交之原因，而是当作其自然的结果）与这种灵交联结起来；然而，有怎么样的一种愚蠢无法与一套高深莫测的哲学相协调呢？因此，如果读者不将通灵者视为另一个世界之半公民，而是简单地将他们当作医院之后补者来打发，并且借此免除一切进一步的探索，我决不责怪读者。但如今，假使一切都依据这种观点去看待的话，那么对待这类灵界术士的方式也必然与依上述概念而采取的方式极为不同；而且从前人们认为有必要偶尔**烧死**几个这类的术士，现在只要**让**他们**泻肚**就够了。在这种事态中也无必要从这么远的地方讲起，并且在受骗的狂热者之发烧的脑中借助于形而上学去探求秘密。识见敏锐的**休迪布拉斯**[①] **单独**就已能为我们解开这个谜，因为他认为：**当一股闷气在内脏中翻搅时，问题在于：它朝向什么方向？如果它朝下，由此就会生出一个F-**[②]**；但如果它朝上，这就是一种幻象或一种神圣的灵感。**

---

① *Hudibras* 是英国诗人巴特勒（Samuel Butler, 1612—1680）的一本讽刺诗，以主角之名为题，旨在反对当时的清教徒。语出：John Wilders (ed.): *Hudibras* (Oxford: Oxford University Press, 1967), p. 174. Johann Heinrich Waser 有此书之完整德文译本（Hamburg & Leipzig, 1765）。——译者

② "F-"意指"Furz"（屁）。——译者

第四章　由第一部之全部考察得到的理论上的结论

如果人们为货物与砝码调换秤皿，一个秤（依民法，它应当是交易之一项尺度）之不实便会被识破。知性之秤底偏袒也借由同样的技巧显露出来；若无这种技巧，人们在哲学判断中也决无法由比较衡量中得出一项一致的结论。我已从我的心灵中清除成见。我已根除一切盲目的偏向；这种偏向曾经滋生，以便使若干想象的知识进入我的心中。如今对我而言重要且值得敬重的，莫过于在一个平静且可接受一切理由的心灵中通过真诚之途占有位置之物，不论它证实还是否定我先前的判断，使我有所决定还是悬而不决。只要我碰到有以教我之物，我便将它据为己有。如果我先将反驳我的理由者之判断**与我爱**（Selbstliebe）之秤皿共称，然后在这个秤皿中将其判断与我所以为的理由共称，而在其判断中发现较大的分量时，那么此人之判断便是我的判断。以前我单从我的知性之观点去看普遍的人类知性；如今我将自己置于他人的外在的理性之地位上，并且从他人之观点去考察我的判断，连同其最隐秘的动机。这两种考察之比较固然形成重大的视差，但它也是唯一的手段，以防止视觉上的欺骗，并且将概念置于它们在人性底认知能力方面的真正位置上。人们会说：我们用极严肃的语言讨论一个如此无关紧要的课题，这个课题更应被称为一项儿戏，而非一项正经的工作；而他这么判断，并没有错。然而，尽管人们毋须为一件小事大张旗鼓，他们或许仍可在这种机会中如此做，而且在决定小事时不必要的谨慎能在重要的场合中充作范例。我未发现任何一种执着或者还有一种未经检查即滋生的爱好从我的心中夺去对各种各样正反理由的服膺，只除开一种执着。知性之秤本非完全不偏不倚，而且其载有"**对未来的期望**"底题词的杆臂具有一种机械上的优势，而这使得连落入此杆臂一端底秤皿的轻微理由都使在另一端本身较重的思辨向上翘。这是我决无法消除的唯一不当，而且事实上我也从不想消除它。如今我承认：一切有关死去灵魂之出现或神灵感应的故事，以及一切关于精神性存有者之臆测本性及它们与我们之联结的理论，唯有在期望底秤皿中

第四章　由第一部之全部考察得到的理论上的结论　55

有显著的重量；反之，在思辨底秤皿中，它们似乎纯由空气所组成。如果所提出的这个问题之厘清与先前已确定的爱好不投合，那么，哪个有理性的人会无法断定：当他假定一种与感觉教他的一切事物毫不相类的存有者时，他在此发现的可能性是否会比将若干所谓的经验归诸自欺与虚构（在若干情况下，这些经验并非不寻常）来得更大呢？

的确，这似乎根本也是广为人所接受的灵异故事得到确认的最主要原因；而甚至逝者在臆想中的显灵之最初错觉也可能起源于一项谄媚的期望：人们死后仍以某种方式存留下来。因为在黑夜底阴影中，幻觉经常欺骗感官，并且由蒙眬的形貌造出与先前的看法相符的假象；最后，哲学家借此机会想出关于精神的理性观念，并且将它纳入学说系统中。人们或许也从我关于灵交的僭妄学说中见到：此学说采行的方向正是通常的爱好所采取之方向。因为这些命题极显然地仅协调一致到足以提供一个概念，以说明人类之精神如何**离开此世**①，亦即说明死后的状态。但

---

① 古埃及人为灵魂所用的象征是一只蝴蝶，而希腊的称谓有相同的意义。人们很容易了解：使死亡仅成为一种蜕变的期望已造成这样一种观念及其标记。然而，这决不会消除对于由此产生的概念之正确性的信赖。我们的内在感觉以及以此为依据的关于**类似理性者的**判断只要不变质，则它们通往之处即是理性在更为清明而开阔之时将导向之处。

是对于其精神如何**进入**此世，亦即对于其生产和繁殖，我一无所述；我甚至不曾述及，它如何**现身**于此世，亦即一个非物质性的存有者如何能在一个躯体中且借由它起作用。这一切均是为了一项极有力的理由，此即：我对此完全无所了解，且因此能安于对未来的状态同样无知——倘使并无一项偏好的意见之偏袒用来推荐被提出的根据（不论它们是如何脆弱）。

正是这种无知也使我不敢全然否定各种各样灵异故事中的一切真实性，但是有一项虽奇怪却常见的保留，即怀疑每个个别的故事，但对全部故事却有几分相信。读者保有判断之自由；但对我自己而言，至少第二章底理由之一侧对我有足够的分量，使我认真而不置可否地驻足聆听各种各样的奇异故事。然而，如果心已先有所偏，它决不乏辩解之理由，所以我不想借由进一步为这种思考方式辩护，来烦扰读者。

由于我现在处于关于精神的理论之结尾，所以我还敢说：如果读者妥当地利用这项考察，它便完成关于这类存有者的一切哲学解悟，并且人们将来对此或许仍能有各种各样的**意见**，但决无法有更多的**知识**。这项断言听来极为大言不惭。因为的确没有任何为感觉所知的任何自然对象，对于这种对象人们能说：他们借由观察或理性**穷尽了**

第四章 由第一部之全部考察得到的理论上的结论

它（纵使它是一个水滴、一颗砂粒或者某种还更为单纯之物）；自然在其最微小的部分中对一个像人类知性如此有限的知性所提出而要求解答的事物之繁复性是如此无法测度的。然而，关于精神性存有者的哲学学说却是完全不同的情况。这种学说能够完成，但只是就**消极的**意义而言；因为它确切地决定我们的解悟之界限，并且使我们相信：自然中的**生命**之各种现象及其法则是我们所能认识的一切，但此生命底原则（亦即人们并不认识而是推想的精神本性）却决无法积极地被设想，因为在我们的全部感觉中找不到与此有关的材料；再者，为了设想与一切感性之物极为不同的某物，人们必须将就使用否定；但是连这类否定之可能性既非基于经验，亦非基于推论，而是基于一项虚构（被剥夺了一切辅助工具的理性托庇于这项虚构）。根据这点，人之精神学（Pneumatologie）可被称为对于一种臆想的存有者的必然无知之一套学说，并且就它这套学说而言，极易与其课题相应。

从现在起，我将关于精神的全部题材（形而上学之一个广大部分）当作已解决且已完成而置诸一旁。以后这项题材不再与我相干。由于我以这种方式使我的研究计划更加集中，并且省去一些完全徒然的探讨，我希望能将我微小的知性能力更有利地用在其他对象上。想要将自己小幅度的力量延伸到一切不可靠的计划上,泰半是枉然的。因此,无论在这个情形还是其他的情形下,使计划之布局与力量相称,并且在人们无法确切地求得伟大之物时退而求中等之物,乃是明智之举。

第二部

（历史之部）

第一章　一个故事，其真实性读者可随己意去探询

容我陈述我所听到之事。①

——维吉尔

哲学由于自负，仅对自己提出一切空洞的问题。它往往由于某些故事而陷于极度的尴尬之中：它若非因**怀疑**其中若干故事而受到惩罚，就是因**相信**其中一些故事而受到讥笑。在流传的灵异故事中，两种困难以某种程度汇合起来：第一种困难发生于我们倾听肯定这些故事的人之时，第二种困难则涉及人们传播这些故事的对象。事实上，对于哲学家而言，甚至没有任何指摘比轻信与顺从庸俗的妄

---

① 语出《艾内伊斯》，Ⅵ, 266。——译者

想之指摘更为严厉。再者,既然那些擅于表现小聪明的人嘲笑一切使无知者和睿智者多少无分轩轾的事物(因为对这两种人而言,这一切都是无法理解的),那么极常被假托的显灵广为人所接受,但在公开场合若非被否定,就是被隐瞒,便不足为奇了。因此,人们可以相信:决无任何学术院会把这项题材当作征文题目;这并非由于其成员完全不会信从上述的意见,而是由于明哲之规则合理地限制了好奇心与无用的求知欲同样提出的问题。而这类的故事固然总是只会有秘密的信徒,但是在公开场合却为无信仰底流行时尚所唾弃。

然而,既然对我而言,这整个问题似乎并不重要,亦未准备充分到对它能有所决定,则我毫无迟疑地在此引述一则被提到的消息,并且完全无所谓地任由读者对它作赞成或反对的判断。

在斯德哥尔摩居住着某一位**史威登堡**先生,无官无职,拥有极可观的财产。他的全部事业在于:如他自己所说的,他廿几年来已同神灵和逝去的灵魂有过极亲密的交往,从它们那里取得来自另一个世界的讯息,反过来也提供它们来自这个世界的讯息;他就其发现写了几大册书,并且偶尔旅行到伦敦,以便处理其出版事宜。他根本不保守他的秘密,同每个人都坦白地谈论这些秘密,似乎完全相信他所宣称之事，毫无蓄意欺骗或招摇撞骗的样子。如果人们可以相信他本人，则就他是所有通灵者中的首席通灵者而言，他也的确是所有幻想家中的首席幻想家——不论人们根据认识他的人之叙述，还是根据他的著作去评断他。但是这种情况却无法使那些平时对神灵感应有好感的人不推想在这些幻想背后有某种真实之物。然而，由于来自另一个世界的所有全权代表之委任书在于他们借由某些试验在现世中为其异常的天职所提出的证据，则我必须从那些到处流传而证实此人之异常特质的事迹中至少引述大多数人仍然多少相信的事迹。

1761年底，史威登堡先生被召唤去见一位侯爵夫人①。由于其高度的知性与识见，她几乎不可能在这类的情况中受骗。促成这次召见的是关于此人所宣称的幻象之普遍传闻。她先提出若干问题，其目的在于以他的想象来打趣，更甚于听取来自另一个世界的实际讯息；然后她屏退史威登堡，而她已先委托他一项涉及其灵交的秘密任务。几天之后，史威登堡先生带着答案出现了。根据侯爵夫人自己的告白，这项答案使她极度惊讶，因为她发觉它是真的，

---

① 这位侯爵夫人即瑞典王后路易莎·乌尔丽卡（Louisa Ulrica, 1720—1782），为普鲁士腓特烈大帝之妹。——译者

但却没有任何活人能给他这项答案。这个故事出自在当地宫廷的一位公使（他当时在场）写给在哥本哈根的另一位外国公使的报告，也完全吻合对于此事的特别调查所能探知的情况。

以下的故事除了流俗的传闻之外别无保证，而传闻之证明是极为糟糕的。**马特维尔**（Marteville）夫人是一位荷兰驻瑞典宫廷的使节[①]之遗孀。一位金匠之家属催她为一套打制好的银餐具付清欠款。这位夫人知道其亡夫之日常家计，相信这笔债务在他生前必定已结清；然而，她在其遗留下来的文件中完全找不到证明。这个妇人特别容易相信占卜底故事、解梦，以及其他各种各样的神奇之事。因此，她向史威登堡先生透露其心事，请求他为她从另一世界向其亡夫取得关于上述讨债情况的消息——如果像人们所说，他与逝去的灵魂交往一事是真实的。史威登堡先生答应去做此事，并且在几天后在这位夫人之住所向她报告：他已取得了所要的消息；在他指出的一个柜子（这位夫人以为它已完全腾空）里还有一个隐秘的抽屉，所需的收据便在其中。人们立刻按照他的描述去找，并且连同荷

[①] 此即Ludwig von Marteville伯爵。他于1752—1760年担任荷兰驻瑞典大使。——译者

第一章　一个故事，其真实性读者可随己意去探询　65

兰文的秘密通信一起找到了收据；这使〔金匠〕所提的一切要求均被勾销。

第三个故事是这样的：其真确与否必然极容易得到一份完整的证明。如果我得到的消息是正确的话，此事发生于1759年底。当时史威登堡先生从英国回来，在一个下午于**哥腾堡**（Gotenburg）登陆。当晚他受邀到一位当地商人那里参加一场聚会，而在稍事停留之后，他以极度惊愕的神色告诉会众一个消息：此刻在斯德哥尔摩的**居德马尔姆**（Südermalm）有一场可怕的火灾正在肆虐。过了几小时（在这期间，他不时离开）之后，他向会众报告：大火已被遏止，以及它已蔓延到多远。就在当晚，这个神奇的消息已经传开；而到次晨，已传遍全城。然而，两天之后，关于此事的报告才由斯德哥尔摩抵达哥腾堡。据说，它与史威登堡所见的幻景完全吻合。

人们或许会问：究竟是什么能促使我去从事一个如此受轻视的工作，像是去传播一个有理性者有所迟疑地以耐心去倾听的无稽之谈，甚至使它们成为哲学探讨之题材呢？然而，既然我们先前谈到的哲学正是一套出于形而上学底**极乐园**的无稽之谈，我看不出将两者相提并论有任何不当之处。再者，何以因盲信理性之诡辩而受骗，比因轻信不实的故事而受骗，就更为光彩呢？

愚蠢与知性间的界限如此难于明确地划定，以致人们很难在其中一个领域里长期前进，而不偶尔稍稍涉入另一个领域。但是有一种真诚会受到怂恿，偶尔甚至对抗知性之抵抗而对于许多坚定的保证有所承认，这种真诚似乎是古代的部族忠诚之遗风。这种部族忠诚固然很不适合于目前的情势，并且因而时常成为愚蠢，但不必因此就被视为愚钝之一项自然遗物。是故，在我涉及的神奇事物中，我任由读者之所愿，将那个由理性和轻信所组成的暧昧混合物分解为其要素，并且为我的思考方式计算这两种成分之比例。因为既然在这样一种批判中所着重的只是诚实，我足以使自己免受嘲笑；因为虽有这种愚蠢（如果人们要如此称呼它的话），我仍然有许多极好的社交——如**丰特内勒**①所相信的，这已足以使人至少不被视为不聪明。因为在所有的时代，事情均已是如此，而将来也可能仍是如此：某些荒谬的事情甚至被有理性的人所接受，仅仅因为它们喧腾于众口。感通、魔杖、预感、孕妇底想象力之作用、月亮盈亏对动植物的影响等均属此类。其实不久之前，平凡的农民岂非对那些平时经常嘲笑他们轻信的学者

---

① 丰特内勒（Bernard le Bovier de Fontenelle，1657—1757）是法国作家与启蒙思想家。——译者

第一章　一个故事，其真实性读者可随己意去探询　67

巧妙地报以嘲笑？因为借着许多道听途说，孩童与妇人最后使许多聪明人将一只普通的狼当作鬣狗——尽管现在每个有理性的人都不难理解：在法国的森林中并不会有非洲的猛兽出没。人类知性底弱点与其求知欲之结合使得人们起初不加分别地抓住真理与欺骗。但是概念逐渐地变得纯净，一小部分留下来，其余部分则被当成垃圾扔掉。

因此，谁要是认为那些灵异故事似乎是一件重要之事，假使他有足够的钱，又没有更好的事可做，他至少能冒险做一次旅行，以进一步探询这些故事，如同**阿特米多**[①]为便于释梦而遍游小亚细亚一样。具有类似心态的后代也会非常感激他，因为他阻止有朝一日另一个**菲洛斯特拉图斯**[②]出现；而在历经多年之后，当道听途说酝酿成一种制式的证明，而且对目击者的询问（这虽然极为必要，但却是不合宜的）一旦成为不可能时，这位菲洛斯特拉图特便使我们的史威登堡成为第二个**蒂亚内的阿波罗尼奥**[③]。

[①] 阿特米多（Artemidor）是二世纪的希腊预言家，曾写了一部释梦之书。——译者
[②] 菲洛斯特拉图斯（Philostrat，即 Lucius Flavius Philostratus）是三世纪的希腊诡辩家与修辞学家，曾为蒂亚内的阿波罗尼奥作传。——译者
[③] 阿波罗尼奥（Apollonius von Tyane）是一世纪末的新毕达哥拉斯派哲学家，据说他有魔法与预言能力。——译者

第二章 一个狂热者在灵界中的忘我之旅

> 梦、魔幻的恐怖、奇迹、女巫、夜间幽灵以及泰沙拉的怪物。①
>
> ——贺拉斯

如果谨慎的读者在本书之进展中对作者认为恰当的考察过程产生了若干疑惑,我决不能责怪他。因为既然我将独断的部分置于历史的部分之前,且因此将理性底根据置于经验之前,我便引起一种猜疑,仿佛我在玩弄诡计,而且我或许事前在脑中已经有了这个故事,却装作只知道纯粹而抽象的考察,以便我最后能从经验中提出一项可喜的

---

① 语出古罗马诗人贺拉斯的《书简集》(*Episteles*),Ⅱ, 2, 208/209。——译者

证实，使未关注此类事情的读者惊喜。而事实上，这也是哲学家屡屡极成功地使用过的一项伎俩。因为人们得知道：一切知识均有他们所能把握的两端，一端是先天的（apriori），另一端是后天的（aposteriori）。晚近的各种自然学家固然曾宣称：人们得从后天的一端开始，并且相信：他们应确保足够的经验知识，然后逐渐上推到最高的普遍概念，因而从尾部逮住学问之鳗。然而，尽管这种处理方式可能并非不明智，仍然远远不够有学问与哲学性；因为人们以这种方式立刻便会碰到一个无法回答的"**为什么**"，而这带给一个哲学家的荣耀正如它带给一个商人的荣耀一样多（这个商人在〔顾客〕支付账单时客气地请求〔他〕下次再度光临）。因此，思想敏锐的人为了避免这种不便，便由相反的极限（即形而上学之最高点）开始。但是在此却有一项新的麻烦：我不知人们**在何处**开始，亦不知他们**往何处**去，而且〔论证〕理由之进展不会及于经验；甚至**伊壁鸠鲁**①的原子似乎从无始以来不断落下之后，一度偶然地相互碰撞，以形成一个宇宙；而这比最普遍而最抽象的概念组合起来，更能说明宇宙。因此，既然哲学家极为了

---

① 伊壁鸠鲁（Epikur，即Epicurus，342/341—271/270 BCE）是希腊哲学家。他提出原子论，主张无始以来原子由虚空落下，由于机缘而聚合，因而形成宇宙。——译者

解：一方面他的理性底根据，另一方面实际经验或故事有如一组平行线，将无限地并行前进，永不相交，故他与其他哲学家仿佛对此已有约定，而同意各自依其方式选择起点，然后不以直线推论，而是在不知不觉中使论据**偏曲**①，借由他们暗自睨视某些经验或证据之目标，以引导理性，使它必然正好达到天真的学生不曾猜到的目标，亦即证明人们事前已知道会得到证明之事。然后，他们仍然将这条道路称为先天的道路——尽管这条道路已在不知不觉中被插上的路标引向后天之点，但是深谙此道的人按理必然不会在此出卖方家。按照这种巧妙的方法，许多值得赞扬的人单在理性之道路上甚至已掌握宗教之秘密，正如小说家让故事中的女主角逃亡到远方的国度，以便她借由一场幸运的冒险偶然遇见其爱慕者："并且〔她〕逃到柳丛里，而希望已被人看到。"（维吉尔）②因此，既有如此受到称誉的前辈，纵使我实际上也使用这同样的伎俩，以便使我的著作得到一个所期望的结果，我事实上也没有理由羞愧。然而，我恳请读者切莫相信我已做了这类的事。在我泄漏了这项秘密之后，既然我已无法再欺骗任何人，那么现在这

---

① 偏曲（Clinamen）是伊壁鸠鲁之用语。根据其原子论，众原子由虚空垂直落下时，偶然因"偏曲"而相互撞击，因而形成宇宙。——译者
② 语出维吉尔的《牧歌集》（*Bucolica*），Ⅲ，65。——译者

第二章　一个狂热者在灵界中的忘我之旅　*71*

样做，对我又有什么好处呢？此外，我有一种不幸：我偶然发现的证据（它与我的哲学空想极其类似）看起来极为怪诞而荒唐，以致我必须推想，读者会由于我的理性底根据与这类的赞同相近而视之为荒谬，而非由于我的理性底根据而将这类的赞同视为合理的。因此，我直截了当地说，就这类影射的比较而言，我是当真的。再者，总而言之，我声明：若非人们得推想在史威登堡之著作中的明智与真理比乍见之下还要多，就是他只是偶然地与我的系统相符，如同诗人有时在狂乱时有所预言（人们相信如此，或者至少他们自称是如此），而他们偶尔与结果相符。

现在我就谈我的目的，即我的主角之著作。如果有些现在已被遗忘，或者将默默无闻的著述家在撰写长篇巨著时不顾惜其知性之耗费，是个不小的功劳，那么毫无疑问，史威登堡先生在他们里面应得到最高的荣誉。因为的确，他在月中世界里的瓶子是满溢的，并且不输**阿里欧斯托**[①]在那里见到的任何一个瓶子（这些瓶子装满在此世所

[①] 阿里欧斯托（Ludovico Ariosto，1474—1553）是意大利诗人。这则故事出于其叙事诗《疯狂的奥兰多》（*Orlando Furioso*）第34章第67—86节。在故事中，法国骑士奥兰多因爱情受挫而发狂。他失去的理性被保存在月球山谷中的一个玻璃瓶里，因为世人在地球上失去的一切都会被保存在那里。其战友阿斯托尔福（Astolfo）便前往月球取回奥兰多失去的理性，终使他恢复理性。——译者

失去的理性,而其拥有者有朝一日必然重新寻找它们),而其长篇巨著倒空了每一滴的理性。尽管如此,在此与理性之最细致的思索对于类似对象所能得出的〔结论〕,仍有一种如此奇特的吻合,以致如果我在此于想象之游戏中所发现的稀有性,正是许多其他的搜集家在自然之游戏中所碰到的(譬如,他们在有斑痕的大理石中发现神圣家族,或在钟乳石之形状中发现修士、洗礼盆与管风琴,或甚至如讽刺家**黎斯科**[①]在一片冰冻的窗玻璃上发现许多动物及三重王冠),读者将会原谅我。这些东西纯属平常没人看到的事物,除非他的脑中事先已装满了它们。

这位著述家底长篇巨著包括充满胡说的八册四开本。他以《天上的奥秘》之标题[②],将这八册书当作一种新启示而宣之于世;而在书中,他的幻象多半用于发现摩西五书前两书中的秘密涵义,并且用于对整部《圣经》之一种类似的说明方式。在此,这一切狂热的诠释均与我毫不相干;但是如果有人愿意的话,他能在埃内斯蒂博士先生

---

① 黎斯科(Christian Ludwig Liscow,1701—1760)是德国讽刺作家。此事见其 *Sammlung satyrischer und ernsthafter Schriften* (Frankfurt u. Leipzig, 1739), No. Ⅱ, S. 45-90. ——译者

② 该书之全名为:*Arcana coelestia, quae in scriptura sacra seu verbo domini sunt detecta. Una cum mirabilibus, quae visa sunt in mundo spirituum et in coelo angelorum* (London, 1749-1756). ——译者

第二章 一个狂热者在灵界中的忘我之旅 73

的《神学丛书》第一册中找到有关这些诠释的若干报导。[①]
唯有"所闻所见"（audita et visa）——亦即据说他已亲眼
见到、亲耳听到的事情——才是我们特别要从其各章之
附录中引用的一切；因为这些"所闻所见"是其他一切梦
幻之基础，并且也与我们在前面以形而上学之飞船所妄作
的冒险极有关系。作者之文笔平淡无奇。他的故事及其编
纂事实上似乎源于**狂热的直观**，并且很少使人怀疑：一种
颠倒思索的理性之思辨性幻影已促使他虚构这些故事，并
且利用它们来骗人。所以，就此而言，这些故事有几分重
要性，而且真的值得以一个小摘要加以介绍，或许比没头
脑的诡辩家之若干儿戏（它们充斥着我们的杂志）更为值
得，因为一种相联系的感官底错觉较诸理性底欺骗，毕竟
是一种更值得注意的现象。理性底欺骗之原因已是众所周
知，并且多半也能借由对心灵力量的任意调整，以及对一
种无聊的好奇心之多些节制来加以防止。反之，感官底错
觉涉及一切判断之最初基础；如果它不正确，逻辑底规

[①] 埃内斯蒂（Johann August Ernesti, 1707—1781）是德国语言学家及神学家。其所编《神学丛书》之全名为: *Neue theologische Bibliothek, darinnen von den neuesten theologischen Büchern und Schriften Nachricht gegeben wird* (Leipzig, 1760)。关于史威登堡对《圣经》的诠释，请参阅该书: 6. Stück, S. 515-527. ——译者

则也不太能违逆它！因此，我在我们的作者那里将**感觉狂**（Wahnsinn）与**知性狂**（Wahnwitz）分开来，并且略过他以一种颠倒的方式苦思所得之事（此时他不停留于其**幻影**中）；这正如同人们平常往往得将一位哲学家所**观察**到的事情与他所**推论**出的事情分开来，而且连**假经验**也多半比出于理性的**假理由**更有启发性。因此，当我剥夺读者之若干时刻（他平时或许会把这些时刻用来阅读关于同样题材的**深邃**著作，但其益处大不了许多）之际，我同时顾虑到其品味之细致，因为我在删去许多狂乱的妄想时，使此书之精髓减损极少。为此我希望从读者得到的感谢，正如某个病人认为他应对其医生表示的感谢一样多——他的医生能够轻易地强迫他吃掉整棵金鸡纳树，但只让他吃其树皮。

史威登堡先生将他的幻象分成三类。其中，**第一类**是从躯体解脱出来，是睡与醒之间的中间状态，而在此状态中他看到、听到甚至感觉到神灵。这类事情他只遇到三四次。在**第二类**是被神灵引走。例如，他在街上行走，而未昏乱。此时他在精神中却在完全不同的地方，并且清楚地看到他处的房舍、人、树林等。这可能有数小时之久，直到他突然再度察觉其真实的位置。这种事他已碰到两三回。**第三类**幻象是他每天在完全清醒时而有的寻常幻象，而他的这些故事主要也是由此撷取而来。

按照他的说法,所有的人都与灵界有同样密切的联系,只是他们感觉不到这点。而他与其他人之间的分别只在于:**他的内心深处已经敞开**;他始终恭敬地谈起这项天赋("这是由上主之神性慈悲赐予我的"①)。我们从上下文可知,这项天赋据称在于意识到心灵借由与灵界之长久联结而感觉到的暗浊表象。因此,他将人之外在记忆与内在记忆区别开来。身为一个属于有形世界的人,他拥有外记忆;但是凭借他与灵界之关联,他拥有内在记忆。外在的人与内在的人之区别也以此为根据,而他自己的优点在于:他在此生中作为一个人,已在神灵之社会中见到自己,而且也被这些神灵认作一个人。在这种内在记忆中,由外在记忆中消失的一切也被保存下来,而且一个人之所有表象均无所丧失。在死后,曾经进入其心灵中,以及过去不为他自己所知的一切事物之回忆,构成其生命之完整记载。

神灵之现身诚然仅牵涉到他的内感;但这却使他觉得神灵显现于他之外,而且显现为一种人的形貌。神灵底语言是观念之一种直接传达,但是这种语言始终与他平时

---

① 原文为拉丁文:darum mihi est ex divina Domini misericordia。——译者

所说而且被设想为在他之外的语言之显现相结合。一个神灵在另一个神灵之记忆中察知后者在其中清晰地包含的表象。因此，这些神灵在史威登堡心中以如此清晰的直观看到他对于这个世界所具有的表象，以致它们在此欺骗自己，并且往往想象它们直接看到这些事物；但这是不可能的，因为没有任何纯粹的神灵对形体世界有丝毫的感觉。然而，借由与其他活人底心灵的交通，它们对形体世界也无法有任何表象，因为它们的内心深处并未敞开，这即是说，其内感包含完全暗浊的表象。因此，史威登堡是神灵之真正宣谕者；这些神灵也同样好奇，想在他心中观看世界之现状，如同他想在这些神灵之记忆中，像是在一面镜子中那样，观察灵界之奇迹。尽管这些神灵也与其他一切活人之心灵最紧密地结合，并且作用于它们或受它们的影响，但这些神灵在这方面所知道的，却如人类所知道的一样少，因为它们的这种内感（它属于其精神的人格性）是非常暗浊的。因此，这些神灵认为，由人类心灵之感应在它们之中所产生的作用仅仅被它们所思考，正如人类在此生也只相信其一切思想和意志活动均出于他们自己（尽管它们事实上经常从无形世界进入人类之中）。然而，每个人类心灵在此生已在灵界有其位置，并且属于某一个团体，而这个团体始终合乎其"真"与"善"（亦即知性与

第二章 一个狂热者在灵界中的忘我之旅

意志）之内在状态。但诸神灵之间的相互位置与形体世界之空间并无共通之处。因此，就精神位置而言，在印度的一个人之心灵与在欧洲的另一个人之心灵往往是最接近的邻人；反之，就躯体而言住在同一居所的人，可能在上述的〔精神〕关系上彼此距离极远。当人类死亡时，心灵并不改变其位置，而只是感觉到自己处于它在此生关联于其他神灵而已占有的同一个位置上。再者，尽管诸神灵之相互关系并非一个真实的空间，这项关系在它们那里仍有空间之相，而且它们的联结是在接近底附带条件下被设想，而其差异则被设想为远隔；这如同神灵本身实际上并无扩延性，但却相互显现为人类形貌。在这个想象的空间里，诸精神性存有者有一种普遍的交通。史威登堡与逝去的灵魂谈话（如果他愿意的话），并且在它们的记忆（表象力）中察知它们在观看自己时所处的状态，如同以肉眼看到这种状态一样清楚。就整个精神世界而言，连世上的理性居民之极大距离也不算回事；而且对史威登堡而言，与土星上的一个居民谈话就像与一个逝去的人类灵魂说话一样容易。一切均系于内在状态之关系，以及它们依其在**真**与**善**方面的协调而有的相互联结；但是更远隔的诸神灵能轻易地借由其他神灵之中介而交通。因此，人也不需要实际上在其他的天体中居住过，才会有朝一日认识到它们连同其一切奇迹。他的心灵在其他逝去的世界公民之记忆中察知他们对其生活与住处所具有之表象,而且在此几乎借由一种直接的直观看到对象。

在史威登堡之幻想中的一个主要想法如下:有形体之物并无自性,而仅仅借由灵界而存在——尽管每个物体不仅是借由一个神灵而是借由全体神灵而存在。因此,物质性事物之知识有两种意义:在物质之相互关系中,它有一种外在的意义;就物质性事物(作为结果)表示灵界之力量(作为这些事物之原因)而言,它有一种内在的意义。故人底躯体之各部分依据物质法则相互发生关系;但就他由在他内部生活的神灵来维持而言,他的不同肢体及其功能有一项价值,即表示心灵之力量(借由这些力量之作用,这些肢体有其形貌、活动和常住性)。这项内在意义不为人所知,而史威登堡(其内心深处已敞开)想使人认识它。有形世界之其他一切事物也正是如此:如上所述,作为事物,它们有一种微小的意义;而作为迹象,它们有另一种更大的意义。这也是他打算对《圣经》提出的新诠释之来由。因为如他狂热地谈论的,内在的意义——在《圣经》中所陈述的一切事物对灵界的象征性关系——是这些事物底价值之核心,其余的东西只是外壳。但在另一方面,在作为图像的有形体之物与内在的精神状态之此种象征性的联结中,重要的是以下一点:一切神灵始终以扩延性形貌之外观相互呈现,而且这一切精神性存有者间的相互感应同时使它们形成其他扩延性存有者之相,仿佛是一个物质性世界之相——这个世界之图像只是其内在状态之象征,但却引起一种如此清晰而持久的感官底错觉,以致这种感官底错觉形同对这类对象的实际感觉。(一个未来的诠释者将由此推断:史威登堡先生是一个观念论者;因为他否认这个世界之物质也有自性,且因此或许仅视之为由灵界底联结所产生的一种相互关联的现象。)因此,他谈到神灵之花园、广阔地区、住所、长廊与拱廊(他在最明亮的光中亲眼看到它们),并且保证:当他屡次与他所有死去的朋友谈话时,几乎总是发现那些不久前才死去的朋友难以相信自己已死亡,因为他们在周遭看到一个类似的世界。他又保证:有同样内在状态的神灵社会,具有地区与其他存在于那里的事物底同样之相,而这些社会底状态之变化与位置底变化之外观相联结。如今,当神灵将其思想传达给人类心灵时,这些思想总是与物质性事物之相相联结,而这些事物其实只是凭借一种与精神意义间的关系(但具有现实性底一切外观)显现于接受这些思想的人;所以,由此能衍生出大量狂乱而极端荒谬的形貌,而我们的狂热者相信在其与神灵的日常交往中极清晰地看到这些形貌。

我已提过：在我们的作者看来，心灵之各种力量和性质与受它支配的身体器官有交感。是故，整个外在的人对应于整个内在的人；且因此，当来自无形世界的一种显著的精神感应特别涉及他这些心灵力量中的某一种时，他也在其外在的人之四肢（它们对应于这些心灵力量）中协调地感觉到精神感应之明显现身。如今，他使其躯体中各色各样的感觉均关联到这种感应，而这些感觉始终与精神观照相联结；但这种精神观照太过荒谬，因而我不敢提到其中的任何一项。

如今，只要人们认为值得费心，便能由此形成一个关于最离奇且最罕见的想象之概念，而其一切梦幻都统合到这个想象之中。因为如同各种力量和能力形成一种统一，即心灵或内在的人，不同的神灵（其主要性格相互关联，正如一个神灵之各种能力相互之间一样）也形成一个团体，该团体本身显示一个巨人之相；而在这个影像中，每个神灵均在一定的位置及外显的四肢（它们合乎它在这样一种精神性躯体中的独特职司）中看到自己。但所有神灵团体合起来，以及这一切无形的存有者之整个世界，最后甚至又显现在**最巨大的人**之相中。有一种非凡而巨大的幻想或许是由一项古老的幼稚想法所延伸出来——譬如在

第二章 一个狂热者在灵界中的忘我之旅 81

学校里,为了帮助记忆,将一整个大陆向学生描绘成一个坐着的处女之图像等。在这个巨大的人之中,在一个神灵与全部神灵,以及全部神灵与一个神灵之间,有一种极亲密的普遍交通。再者,不论诸生物在这个世界中的相对位置或其变化如何,它们在这个最巨大的人之中却有一个完全不同的位置;这个位置它们从未改变,而且单就表面看来,是在一个无法测度的空间中之一个位置,但在事实上却是它们的关系与影响之一种特定方式。

我厌倦于重述这位在一切狂热者当中最严重者之狂乱幻影,或者将这些幻影延续到他对死后状态的描述。我还有其他的疑虑。因为尽管一个自然搜集家在动物生殖之标本当中,不仅将以自然形态生成的标本,而是也将怪胎陈列在他的柜子里,他仍得小心,莫让每个人看到它们,甚或太清楚地看到它们。因为在好事者当中很可能有怀孕的人,这可能对她们造成一种坏印象。而既然在我的读者当中,有些人在观念的孕育方面可能形同怀孕一样,如果他们在此例如乍见某物而动胎,我会感到遗憾。然而,由于我刚才一开始便警告过他们,所以我不负任何责任,并且期望人们不会要我为这些怪胎负责,而这些怪胎可能是由他们的丰富想象借此机缘所孕育的。

此外,我不曾以自己的梦幻硬说为我们的作者之梦幻，而是借由忠实的摘录将其梦幻呈献给懒散而节俭的读者（他不愿为了小小的好奇心极轻易地浪费七英镑）。诚然，直接的直观多半已被我省略了，因为这类狂乱的幻影只会干扰读者之夜眠；他的启示之含混意义偶尔也以一种多少更流行的语言被表达；然而，此概论之要点并不因此而丧失其正确性。但是若想隐瞒此事，却只是枉然的，因为此事的确引起每个人底注意，以致这一切辛劳最后毫无结果。因为既然书中所宣称的秘密的个人幻象无法得到证明，则与这些幻象打交道的动机只能在于以下的推测中：作者为了确证这些幻象，可能会诉诸上述的那类事件（它们能由活的证人加以证实）。但是无人发现这类的事情。因此，我们多少抱着羞愧，从一项愚蠢的尝试中撤退，而提出一项虽然有点迟但却合理的评语：聪明的思考多半是一件容易的事，但可惜是在人们已受骗了一阵子之后。

* * *

我已探讨了一个吃力不讨好的题材，这个题材是多事而闲散的朋友之需要与强求加诸我的。当我使我的努力受制于这种轻率时，我同时也辜负了他们的期待，而且既未提供讯息给好奇者，亦未提出理性底根据给研究者来满足他们。若无其他的意图来激励这项工作,我便浪费了我的时间;我失去了读者之信赖,我已引导其探问和求知欲经过一段无聊的冤枉路,而到达无知底起点,而他就是由此出发的。然而,事实上我怀有一项目的;这项目的对我而言,似乎比我所宣称的目的还要重要,而且我自认已达到了这项目的。形而上学——尽管我罕能自诩多少得到它的青睐,但我注定爱上了它——带来两项好处。第一项好处是解决探究之心在借由理性去窥探事物之隐秘性质时所提出的课题。但在这方面,结果可太常使希望落空,而且这回〔这个影像〕也逃脱了我们热切的手。

> 三度徒然用手去抓这影像,均被逃脱,它如同轻风,极像易逝的梦。①
>
> ——维吉尔

另一项好处更合乎人类知性之本性,而且在于了解:这项课题是否也由人们所能知道之事来决定?再者,这个问题与我们的所有判断始终必须凭依的经验概念有何关系?就此而论,形而上学是一门关于**人类理性之界限**的学

---

① 语出其《艾内伊斯》,Ⅱ,793。——译者

问。再者，既然一个小国总有许多边界，而确认且维护其领地，毕竟比盲目地出征重要，因此，上述的学问之好处是最不为人所知的，同时也是最重要的，但这项好处也只有在经过长期经验之后极晚才被得到。在此我固然尚未精确地决定这个界限，但就此而言已指出：读者在进一步思考时会发现，对于一个问题——其材料得求诸他在其中有所感觉的世界以外的另一个世界——他可以免除一切徒劳的探究。因此，为了得到这个界限，我已浪费了我的时间。为了帮助我的读者，我欺骗了他，而且尽管我没提供给他任何新的解悟，但却根绝幻觉和无用的知识；这种知识使知性膨胀，而且在其狭窄的空间中占据智慧与有用指导之教诲可能占有的位置。

如果迄今为止的考察已使人厌倦，而未对他有所教益，如今他的不耐烦能因**第欧根尼**所言而得到宽慰。[①]据说，当第欧根尼读到一本无聊的书底最后一页时，对其打呵欠的听众说："**打起精神吧！诸位先生！我看到陆地了！**"先前我们像**德谟克利特**（Demokrit）一样，徜徉于

---

① 此系指古希腊哲学家第欧根尼（Diogenes von Sinope，412—323 BCE）。此言之出处见：Diogenes Laertius: *Lives of the Eminent Philosophers*, translated by Pamela Mensch, edited by James Miller (New York: Oxford University Press, 2018), p. 278 (Book 6, 38). ——译者

空虚的空间中（形而上学之**蝶翼**使我们上升到那里），并且在那里与精神性人物交谈。现在，既然自我认识之**收敛**力已收束起丝翼，我们发现自己再度落在经验与通常知性之低地上。如果我们将这个低地视为我们被指定的场所——我们决无法离开这个场所而不受惩罚，而且只要我们以有用之物为依归，这个场所也包含一切能满足我们的东西——便是幸事！

第三章　由全篇论文得到的
实践性结论

耽于每一种好奇心，并且除了无能之外，不容许求知欲有任何其他界限，这是一种适合于**博学**的热情。然而，在无数出现的课题中选出人急切要解决的课题，这是**智慧**之功劳。当学问走完其过程之后，自然地抵达一个谦逊的疑惑之点，并且对自己不满地说道：**我不了解的事物何其多！**但是，由于经验而成熟为智慧的理性在一个年市之商品中，借**苏格拉底**（Socrates）之口愉快地说道：**我完全不需要的事物何其多！**尽管这两种性质极为不同的努力一开始朝向极为不同的方向出发（因为第一种努力是自负而不满足的，第二种努力却是稳重而知足的），最后却以这种方式合而为一。因为为了作理性的选择，人们自己得先知道无必要之物甚至不可能之物；而最后学问得以确定人

第三章 由全篇论文得到的实践性结论 87

类理性之本性为它所设定的界限；但是，所有高深莫测的构思（它们本身可能并非无价值，但却在人底领域之外）均逃至虚浮底**边界**上。这样一来，连形而上学都成为它目前仍距离极远而且人们最不易料想它会成为的东西，即**智慧之伴随者**。因为只要还有人以为可能达到如此遥远的解悟，**睿智的纯真**就会徒然地呼喊道：这种伟大的努力是不必要的。随着知识之扩展而来的愉快极容易使这种扩展显得合乎义务，并且使那种蓄意而审慎的知足成为**愚蠢的纯真**（它会妨碍我们的本性之改善）。关于精神本性、自由、预定、未来状态之类的问题，起初发动知性之一切力量，并且借着这些问题之优越性将人引入思辨之竞争中；这种思辨一律推敲、决定、教导或反驳，就像虚假的解悟每次均造成的结果一样。但如果这项探究发展为哲学——它对它自己的程序加以判断，并且不单是认识对象，而是认识对象与人底知性之关系——，界限便收缩得更狭窄，并且界石被置定，而这些界石决不让这项探究更超出其固有的范围。为了认识环绕着一个概念（人们通常认为这个概念极其方便而平常）的困难，我们已需要若干哲学。再更多的哲学便使解悟底这个影像更加远离，并且使我们相信：这个影像完全在人底视线之外。因为在原因与结果、实体与活动之关系中，哲学起初是用来解开错综复杂的现象，并且将它们化约为更单纯的表象。但是当人们终于达到这些基本关系时,哲学之工作便结束了;至于某物如何能是一个原因或是有一种力量,这决不可能借由理性去理解,而是这些关系只能由经验取得。因为我们的理性规则仅涉及依据**同一性**与**矛盾**所作的比较。但倘若某物是一个原因,则由于**某物,另一物**被设定,且因此,没有任何关联能由于一致性而被发现;这如同当我不愿将这同一物视为一个原因时,决不形成一项矛盾,因为某物被设定时取消另一物,这并不自相矛盾。因此,作为原因的事物之基本概念(力量与活动之基本概念)若非得自经验,便是完全任意的,而且既无法被证明,也无法被否定。我固然知道思想和意欲使我的躯体运动,但我决无法借由分析将这个现象(作为一项单纯的经验)归诸另一个现象,且因此,固然认识这个现象,但却不理解它。我的意志使我的手臂运动,对我而言,此事之可理解性并不胜于有人所说的:我的意志也能使月球在其轨道中停住;其差别只在于:我经验到前者,但决未曾感觉到后者。我在我(作为一个有生命的主体)的内部认识到变化,即思想、意念等,而且由于这些决定与共同构成我关于"躯体"的概念之一切事物都不同类,我理当设想一个无形体且常往的存有者。至于这个存有者即使不与躯体相结合,是否也会思考呢?这决无法借由这种由经验而认识的本性去推断。我借由形体性法则之中介与我这类的存有者相联系；但在其他情况下，我是否也根据其他的法则（我愿称之为精神的）、不借由物质之中介而与这些存有者相联结，或者将在某个时刻与之相联结呢？这我决无法由我既有的东西去推断。所有这类的判断如同"我的心灵如何使躯体运动，或者在目前或未来与其他同类的存有者发生关系"之类的判断一样，绝对只能是虚构，并且决不会具有像在自然科学中人们称为假设的虚构之那种价值。在假设中，人们并不编造基本力量，而只以适合于现象的方式，将我们已借由经验认识的基本力量联结起来，且因此，假设之可能性必然始终能被证明。反之，在第一种情况下，甚至原因与结果之新的基本关系被假定，而人们对于其可能性决无法有丝毫的概念，且因此只是创造地或妄想地（随便人们要怎么称呼）去虚构。各种真实的或所谓的现象可由这类假定的基本观念去理解，这对于这些基本观念全无好处。因为如果人们有理由任意编造活动或作用法则，他们便能轻易地为一切事物提出根据。因此，我们必须等待，直到我们或许在来世借由新经验和新概念，对于在我们的思考的自我中仍然对我们隐蔽的力量有所知悉。是故，晚近的观察在经过数学底解析之后，已为我们揭示物质之引力，但是对其可能性（因为引力似乎是一种基本力量）人们决无法形成若干进一步的概念。那些事先想编造这样一种性质，却无法从经验提出证明的人理当被嘲笑为傻子。如今，既然在这类情况下，理性底根据对于发现或证实可能性或不可能性具有极少的重要性，人们便只能容许经验有决定权，犹如我也让产生经验的时间对于磁性在牙病中受人称道的治疗力有所确定——如果经验对于磁棒之作用于肌肉和骨头所能提供的观察，正如我们对于其作用于钢铁所已有的观察一样多的话。但假如某些所谓的经验无法被归入在大多数人当中一致的感觉法则，且因此在感觉之见证中只有一种无规则性得到证明（事实上，到处流传的灵异故事即是如此），则明智的做法是干脆不理会这些经验。因为在这种情况下，一致性和齐一性之欠缺将会取消历史知识之一切证明力①，并且使它不宜于充作任何一种经验法则之一项基础（知性能够对这种经验法则下判断）。

人们一方面借由略微深入的探究了解到：在我们所谈到的情况下，可信服的哲学解悟是**不可能的**；同样地，在另一方面，人们在一种冷静而无成见的心境中也得承认：这种解悟是多余而**不必要的**。学问之虚荣喜欢以重要性为

---

① 此所谓"历史知识"其实意谓"经验知识"。——译者

借口,为其工作辩护;而且在此人们通常也宣称:对于灵魂之精神本性的理性解悟是对死后的存在之信仰所急需的,而后者却是一种有德的生活之动机所急需的;但无聊的好奇心加以补充:死去灵魂底显现之真实性甚至能为这一切提出一种来自经验的证明。然而,真正的智慧是纯真之伴随者,而且既然在真正的智慧中,心为知性提供规范,这种智慧通常使博学之庞大装备成为多余,而且其目的不需要这类的工具(它们决非所有人均能掌握)。怎么说呢?难道只因为有个来世,"有德"才是善的吗?还是毋宁因为行为本身是善而有德的,它们才在将来得到报偿呢?人心岂非包含直接的道德规范,而为了使人在此世按照其分命(Bestimonung)而活动,人们一定得在另一个世界启动机关吗?有一种人只要不受到未来的惩罚所威胁,便宁愿屈从于他所嗜好的罪恶,这种人可说是正直的吗?可说是有德的吗?人们岂非更得说:他固然不敢作恶,但其心灵却怀有邪恶的存心,而他喜好类乎德行的行为之好处,但却憎恶德行本身?而且事实上经验也说明:极多被教导并相信来世的人却耽于罪恶和卑劣,只知盘算狡诈地规避未来之威胁性报应的手段;但是从来没有一个正直的心灵能忍受"一切事物均随着死亡而终结"这个想法,而且其高贵的存心不奋而期望于未来。因此,将对来世的期待建立在一个生性善良的心灵之感觉上,似乎比反过来将其良好举止建立在对另一个世界的期望上,更合乎人性和道德之纯粹性。**道德的信仰**也是如此;其纯真可免除诡辩之一些烦琐辨析,并且只有这种信仰适合于在所有状态中的人,因为它将人直截了当地引到其真正的目的。因此,让我们将关于如此遥远的对象之一切喧嚣的学说系统均委诸无事者之思辨和操心吧!事实上,这些学说系统对我们无关紧要,而且赞成或反对底理由之一时观感或许会对学院之赞成有所决定,但很难对正直者之未来命运有所决定。甚至人类理性也不具有足够的翅膀,来拨开如此高悬的云(这些云使我们见不到另一个世界之秘密),而且对于那些极热切地探询这些秘密的好学者,人们可给予这项单纯但却极自然的答复:**如果他们愿意忍耐,直到他们到达那里,这或许是最明智之举**。但既然我们在来世的命运可能极度视乎我们在现世曾如何掌管我们的职务而定,因此我以**伏尔泰**在经过极多无用的学院争论之后,最后让他诚实的**甘第德**说出的话来作总结:**让我们追求我们的幸福,走进花园去工作吧!**①

---

① 伏尔泰(François Marie Voltaire, 1694—1778)是法国启蒙哲学家。此言出自其讽刺小说《甘第德,亦名乐观主义》(*Candide ou l'Optimisme*)之结尾。但康德的引述与原文略有出入。原文是:"'Celas es bien dit,' repondit Candide, 'mais il faut cultiver notre jardin.'"(甘第德答道:"说得好,但是我们得耕耘我们的花园。")——译者

附录一　康德论史威登堡二函

致夏洛特·冯·克诺布洛赫小姐函[1]

1763 年 8 月 10 日

如果我并未认为有必要先就这项题材搜集更完整的讯息，我便不会如此长久放弃荣耀和愉快，以提供所需要的报告来履行一位为其同性增添光彩的女士之命令。我正要谈的故事之内容与那些必然是司空见惯的故事（它们应当被容许在一切优雅之笼罩下闯入佳人之闺阁中）完全不

---

[1] 此函收入普鲁士王室学术院的《康德全集》第10册第43—48页。关于康德撰写此函的年代，有种种说法，此处系以《康德全集》为准（其考证见第13册第20—21页）。夏洛特·冯·克诺布洛赫小姐生于1740年，死于1804年，于1764年嫁给克林斯伯恩（Friedrich Wilhelm von Klingsporn）。——译者

同类。除非我确信：尽管这类的图像一方面引起一种战栗（它是由教育得到的旧印象之重现），但是阅读这个故事的聪颖女士仍不会感到失去因正确应用这个表象而能得到的愉快，否则，如果在读完这个故事时，某种庄重的严肃会在片刻消灭愉悦的表情（自足的天真理当以这种表情去看整个宇宙），我也得为此负责。小姐！请容许我为我在此问题中的处理方式辩护，因为或许似乎有一种常有的妄想可能使我想要去寻求与此有关的故事，而且未经仔细的检查就愿意接受它们。

我不知道：是否有人曾经能在我身上察觉到一种性好神奇事物的气质或是一种轻于相信的弱点之迹象？我确定的是：不论关于神灵王国之显现与活动的一切故事（其中，我知道极多非常有可能性的故事），我却始终认为最合乎健全理性之规则的做法是转向否定的一方；并非仿佛我自以为已了解其不可能性（因为我对一个神灵之本性知道得如何少？），而是因为它们均未得到充分的证明。此外，就这类显现之不可理解，以及其无用而言，有非常多的困难；但在另一方面，有各式各样被揭发的欺骗及"易于受骗"，因而像我这样根本不愿使自己为难的人，不认为让自己因此而在教堂墓园或黑暗中感到害怕是明智的。这是长久以来我的心情所处的状态，直到我得知史威登堡先生的故事为止。

这个讯息我得自一位丹麦军官。他是我的朋友及从前的听课者。他在哥本哈根于奥地利公使迪特里希施泰因[1]的宴席上亲自随同其他宾客读了一封信。这封信是这位先生当时从吕佐[2]男爵、梅克伦堡[3]驻斯德哥尔摩公使那里收到的。在信中，那位吕佐男爵告诉他，他自己在荷兰公使[4]的陪伴下，在瑞典王后[5]那里亲历了小姐您已经知道的关于史威登堡的离奇故事。这样一种讯息之可信令我诧异。因为人们很难假定：一位公使会寄给另一位公使一份供**公开使用**的报告，而这份报告对于他所驻的宫廷之王后会报道不实的事情，而且在此场合中，他自称连同一个有名望的团体确曾在场。现在，为了不盲目地以一种新

---

[1] 迪特里希施泰因（Karl Johann Baptist Walter Fürst von Dietrichstein-Proskau-Leslie，1728—1808）于七年战争期间以特使及全权大使之身份被派驻丹麦，而在胡贝图斯堡和约（Hubertusburger Frieden）签订后，于1763年离开哥本哈根。——译者

[2] 吕佐（Johann Joachim Freiherr von Lützow，1728—1792）当时是梅克伦堡（Mecklenburg）驻哥本哈根的公使。1761年5月底，他被派往斯德哥尔摩，以谈判有关撤除梅克伦堡的瑞典驻军事宜。——译者

[3] 梅克伦堡是德意志旧邦，位于德国临近波罗的海一带。——译者

[4] 这里指格勒内费尔特（Frans Doublet van Groenevelt）。他于1760年6月至1762年5月担任荷兰驻斯德哥尔摩公使。——译者

[5] 这是指路易莎·乌尔丽卡。——译者

的成见排斥关于幻象和幻境的成见，我认为进一步去探询这个故事是合理的。我写信到哥本哈根给上述的军官，并且托付他作各种各样的探询。他答道：他再度就此与迪特里希施泰因伯爵谈过，而实情就是如此，而且施莱格尔教授[①]已向他证实此事之决无可疑。由于他当时正动身加入圣·杰曼[②]将军麾下的军队，他劝我亲自写信给史威登堡先生，以便得知此事之更详细的情况。因此，我便写信给这位奇人，而信是由一位在斯德哥尔摩的英国商人转交给他的。有人来告诉我，史威登堡先生欣然接受了此信，并且答应答复此信。然而，我并未得到答复。在这个当口儿，我结识了一位高雅人士，是位英国人。去年夏天他待在此地。基于我们共同建立起的友谊，我拜托他趁他的斯德哥尔摩之行，搜集关于史威登堡先生之神奇禀赋的更详细的消息。根据他的第一份报告，前面提过的故事依斯德哥尔摩最有名望的人们之说法，其情况正如同我过去向您陈述的情形一样。当时他尚未与史威登堡先生谈过，但期望与他谈话——尽管我的朋友很难相信：该城最有理性的人们

---

① 施莱格尔（Johann Heinrich Schlegel，1726—1780）是史学家，1760年成为哥本哈根大学哲学教授。——译者

② 圣·杰曼（Claude Louis Comte de St. Germain，1707—1778）当时为陆军元帅，统率丹麦军队。——译者

对于史威登堡与无形的灵界之秘密交往所作的一切陈述会是真确的。但是他接下去的信中所说的就完全不同了。他不但已同史威登堡先生谈过，而是也到他家拜访过他，并且对于这整个如此罕见的事情感到极度惊讶。史威登堡是一位有理性的、讨人喜欢且坦诚的人；他是一位学者，而且我一再提到的朋友答应即刻寄给我史威登堡的若干著作。史威登堡毫无保留地告诉我的朋友说：上帝已赋予他特殊的禀性，能随意与逝去的灵魂交往。他诉诸广为人知的证据。当他经提醒而想到我的信时，他回答道：他的确收到了这封信，而且若非他已打算将这整个奇特的事情公诸世人眼前，他早已答复了此信。他将在今年5月赴伦敦，将在那里出版他的书，而在其中也会见到他对我的信之逐项答复。

为了对小姐您提出若干证据（其证人是全体仍活着的公众，而且告诉我其事的人得以直接在现场调查此事），请您只听取以下两个事件。

哈特维尔夫人①是驻在斯德哥尔摩的荷兰公使之遗孀。其夫去世后一段时间，金匠克龙（Croon）催她偿付其夫

---

① "哈特维尔"（Harteville）为"马特维尔"（Marteville）之误，参阅本书第二部第一章。这是指Ludwig von Marteville之夫人。他于1760年4月25日在斯德哥尔摩去世。——译者

在他那里订制的银餐具。这位寡妇虽然相信：其亡夫极为仔细而且有条理，而不会尚未支付这笔账款，但她无法出示收据。在这种忧虑中，由于其价值可观，她便请史威登堡到她那里。在几度致歉之后，她向他说明道：如果他像所有人所说的那样，拥有与逝去的灵魂谈话之非凡禀赋，他可能乐意向她的丈夫探询关于这副银餐具的债款究竟如何。史威登堡毫不犹豫地答应她这项请求。三天之后，这位女士在自己家里聚会喝咖啡。史威登堡先生来了，并且从容地向她报告说：他已同她的丈夫谈过了。这笔债款已在他去世前七个月偿还了，而且收据是在位于楼上房间的一个柜子里。这位女士答道：这个柜子已经完全腾清，而且在所有文件中没有人发现这张收据。史威登堡说，她丈夫向他描述道：如果他们拉开左侧的一个抽屉，便会显露出一块板子；这块板子必须被移开，然后会有一个隐秘的抽屉，在那里收藏着其机密的荷兰文信函，也可见到这张收据。依照这项指示，这位女士在全体宾客之陪伴下前往楼上的房间。他们打开这个柜子，完全依照〔以上的〕描述去做，并且在里面发现了她毫无所知的抽屉与被提到的文件，而引起在场的所有人之极大惊讶。

但对我而言，以下的事件在所有事件中似乎具有最大的证明力，并且实际上使一切想得到的怀疑均失去借口。这是在1756年之际,史威登堡先生在9月底于星期六下午四点左右从英国而来,在哥腾堡(Gothenburg)登陆。威廉·卡斯特尔(William Castel)先生邀请他,同时还有十五位宾客到他家。晚上六点左右,史威登堡先生走出去,然后脸色苍白且惊惶地回到会客厅。他说,就在此刻在斯德哥尔摩的居德马尔姆(Südermalm)正有一场危险的火灾(哥腾堡距斯德哥尔摩超过80.5公里,约合50英里),而且火势蔓延极广。他焦躁不安,并且不时走出去。他说,他的一位朋友(他说出其名)之住宅已化为灰烬,而他自己的住宅则在危险之中。八点左右,在他再度走出去之后,他高兴地说:"谢天谢地!火灾熄灭了,离我的住宅三家之处!"——这个讯息使全城(特别是宾客)大为骚动,而且当晚人们还将此事报告省长。星期日早上,省长召见史威登堡。省长向他询问此事。史威登堡详细描述火灾如何开始、如何停止以及其延烧时间。当天,这个讯息传遍全城,而由于省长已留意此事,这在城里引起一股更大的骚动,因为许多人担心他们的朋友或财产。星期一晚上,一位信差抵达哥腾堡;他是在火灾之际由斯德哥尔摩的商团派出的。在信中关于火灾的描述一如〔史威登堡〕所述。星期二早上,一个王室信使到达省长那里,带着关于这场火灾、它所造成的损失以及它所波及的房舍的讯息。这与史威登堡当时所提供的讯息丝毫不差，因为火灾是在八点左右被扑灭的。

人们能提出什么理由来反驳这个事件之可信呢？写信告诉我此事的朋友不仅在斯德哥尔摩，而且在大约两个月以前还亲自在哥腾堡调查了这一切。在哥腾堡，他与最有名望的世家非常熟识，而且能从全城（在此城中，自从不久前的1756年以来，大多数目击者仍然活着）得到完整的讯息。他同时给我若干报告，说明史威登堡先生依其说法，与其他神灵间的交通如何进行，也说明他对于逝去灵魂之状态所提供的观念。这项描绘是奇特的，但是我没有时间对此作若干陈述。我何等希望能够亲自询问这位奇人，因为我的朋友并不很懂得方法，去追问在这样一种问题中最能让人明白的事物。我热切地期待史威登堡将在伦敦出版的书。我已做好一切安排：一旦此书离开印刷机，我便立刻取得它。

为满足您高贵的求知欲，我目前所能报告的就这么多。小姐！我不知道您是否可能期望知道我对此无稽之事胆敢作的判断。比我所禀受的微小程度大得多的才能，对此事将能确定极少可靠的东西。然而，不论我的判断有何意义，您的命令将使我有义务以书信告知我的判断——只要您仍然长留于乡间，而我又无法以口头说明此事。我恐

怕已滥用了写信给您的恩准，因为实际上我已用一支草率而笨拙的笔耽搁您太久了。致以最深的敬意

伊曼努尔·康德

致摩西·门德尔松函[①]

1766年4月8日

先生：

承蒙您应我最诚挚的请求，慨然承担善意的辛劳，为我转交若干寄去的著作[②]，我以最诚挚的谢忱，而且乐于为您作任何效劳，以为回报。

您对这本小书之语调所表示的诧异[③]，在我看来，证明了您对我的真诚性格所作的好评；而且甚至您因看到我的

[①] 此函收入普鲁士王室学术院的《康德全集》第10册第69—73页。摩西·门德尔松是十八世纪著名的启蒙哲学家，与康德时有书信往返，讨论哲学问题。——译者

[②] 从康德于同年2月7日写给摩西·门德尔松的信中可知，他当时寄给门德尔松若干份《通灵者之梦》，除了送给他一份外，还请他将其余各份转交给他人。参阅：*KGS*, Bd. 10, Brief 38, S. 68. ——译者

[③] 摩西·门德尔松在评论此书时说："用以撰写这本小书之玩笑式的隐微涵义有时使读者怀疑：康德先生是否要使形而上学显得可笑，还是使通灵显得可信？"（*Allgemeine deutsche Bibliothek*, Ⅳ, 2 St., 1767, S. 281.）——译者

性格在此仅暧昧地表现出来而感到不满，对我而言，也是可贵而惬意的。事实上，您也决不会有理由改变对于我的这种评价，因为不论有什么过失是最坚定的决心都无法完全避免的，在我已用一生中最大部分的时间来学习避免并鄙弃大多数经常腐化性格的东西之后，我决不会流于反复无常且讲究表面的性情；且因此，丧失由一种真诚存心之意识所产生的自我肯定，将是我所能遭遇（但完全确定不会遭遇）的最大不幸。我固然以极清楚的信念，并且带着高度的满足去思考许多我决不会有勇气说出的事情；但我决不会说出我未思考的事情。

我不知道：您在读完这部以极其零乱的方式写成的论著时，是否已留意到我在撰写它时的不快之若干征兆。因为既然我曾在有机会亲自认识史威登堡的人那里，并且凭借若干通信，最后并借由取得其著作好奇地探询其幻象，因而引起了很大的注意，则我极明白：直到我摆脱了我被猜想对这一切逸闻所具有的认识为止，我将不会在不断的询问中得到宁静。

事实上，我很难想出方法来表达我的思想，而不致受到讪笑。因此，对我而言，最明智的做法似乎是抢在他人之前，先嘲笑自己。在此，我的做法也极为诚实，因为实际上我的内心状态在此是矛盾的。不但就故事而言，我不禁对这类故事怀有一种小小的亲切感；而且就理性底根据而言，我也不禁对这类故事之正确性怀有几分揣测——不管使故事失去其价值的荒谬性，以及使其理性底根据失去其价值的幻影和不可理解的概念。

至于我对一般而言的形而上学之价值所表示的看法，或许用语之选择偶尔不够谨慎而小心。但我决不掩饰：我带着反感甚至几分嫌恶来看待全部卷册（它们充斥着目前流行的这类见解）之自大的狂妄，因为我完全相信：人们所选择的途径是完全错误的，流行的方法必然无限地增加妄想和错误，而且甚至完全根除这一切自负的解悟，并不会像这门梦想的学问连同其如此要命的多产性如此有害。

我远远不认为形而上学本身客观地来考量，是微不足道或者多余的，因而特别是一段时日以来，在我相信已了解其本性及其在人类知识中的独特地位之后，我相信：甚至人类之真正而持续的福祉系于形而上学——除了您之外，在其他每个人看来，这项颂扬都是离谱而大胆的。在这门学问中开创一个新纪元，完全重新设定准绳，并且熟练地为这门依然纯凭运气扩建的学科描绘蓝图，则非如阁下这样的天才莫属。但至于以此方式公开出售的知识库存，并非由于轻率的反复无常，而是由于长期探讨之结果，我认为在这方面最明智之举莫过于剥去其独断的外衣，并且怀疑地看待自命的解悟。当然，这项用处只是消极的（摆脱愚昧）[①]，但却为积极的用处做准备；因为一种健全但未经教导的知性之纯真，为了得到解悟，只需要一项工具（organon）[②]；而一个败坏的头脑之虚假解悟首先需要一项净化剂（catarcticon）。如果容许我多少提及我自己在这方面的努力，我相信：在我尚未提出这类的作品时，我已在这门学科中得到了重要的解悟，而这些解悟确定这门学科之程序，并且不只存在于一般的展望中，而是在应用时可当作真正的标准来使用。在我余暇的消遣所容许之范围内，我打算逐渐将这些论文交由公众裁断，但特别是您的裁断；而我自以为：如果您乐意使您在这方面的努力与我的努力相协调（以此我也意指对我的努力之错误的评论），我们便能得到对学问之成长有重要性的某种东西。

为我带来不小满足的是得悉：我这粗略的小论文将

[①] "摆脱愚昧"（stultitia caruisse）语出罗马诗人贺拉斯的《书简集》（I, l, 41f.）："Virtus est vitium fugere et sapientia prima stultitia caruisse（德行与智慧始于逃避罪恶与摆脱愚昧）。" ——译者

[②] 康德在1800年出版的《逻辑学》讲义中解释道："所谓'一项工具'，我们意指一项指示，它说明某种知识应当如何产生。"（KGS, Bd. 9, S. 13.）——译者

有幸引出您对这项要点的彻底考察①；而且如果我的论文能促使他人作更深入的探讨，我便认为它是够有用的。我确信：您不会错失这一切考虑所涉及的要点；而且如果我未曾让这篇论文逐页先后印出来，我会将这项要点说明得更清楚，因为我无法始终预知：为了使下文更好理解，得先写什么？以及，某些解说以后在何处必须被删除（因为它们将会置于一个不适当的位置上）②？依我的看法，一切事情之关键在于为下面的问题寻求材料：**心灵如何现身于此世中（不仅在物质性存有者中，也在其他同类的存有者中）**？因此，人们应当在这样一个实体中发现外在效应之力量与承受自外界的受纳性，而〔这个实体〕与人类躯体之统合只是〔这种关系之〕一个特殊种类而已。如今，在此并无经验提供帮助，使我们能在另一种的关系中认识这样一个主体（唯有这些关系适于揭示其外在的力量或能

---

① 这可能是指摩西·门德尔松于次年（1767年）出版的《费东，或名论灵魂之不灭》（*Phaedon oder über die Unsterblichkeit der Seele*）。特别是在该书之第二节中，摩西·门德尔松证明：物质无法思考。参阅：KGS, Bd. 13, S. 35. ——译者

② 康德在撰写此书时，因准备赴戈尔达普（Goldap），故此书之最后部分系以急就章的方式写完，随写随改，并且逐页送去印刷，致使出版此书的书商因来不及送审而受到罚款之处分。参阅：KGS, Bd. 2 , S. 501. ——译者

力）；而且它与躯体间的和谐仅透露心灵底**内在**状态（思想与意欲）对于我们躯体底物质之**外在**状态的另类关系（因而不是一个**外在**活动对于一个**外在**活动的关系），因此完全不适于解决这个问题。是故，人们问道：借由先天的理性判断去确定精神性实体之这些力量，本身是否可能呢？这项探讨归于另一项探讨，即是：人们能否借着理性推论来发现一种原始的力量，亦即原因与结果之最初的基本关系呢？而且既然我确知这是不可能的，则如果这些力量未在经验中为我所知，它们便只能被虚构。但这种虚构（启发性构作、假设）之可能性连一项证明都决不会有，而且其可思议性（这种虚构之假象系由于其不可能性也无法被证实）只是一种幻象，就像如果有人驳斥史威登堡底幻想之可能性，我也敢为之辩护。再者，我将精神性存有者之实际的道德感应与普遍的重力相类比的这项尝试，根本不是我真正的看法，而是一个例子，用来显示：在缺乏材料时，人们能在哲学性虚构中无所阻碍地前进多远？在这样的一项课题中，我们是何等必要去确定：此问题之解决需要什么？以及，为此而必要的材料是否欠缺？但如果我们暂且撇开诉诸正直或上帝底目的的论证，并且追问：由我们的经验是否可能会有这样一种关于心灵底本性的知识，而这种知识足以使人认识心灵在宇宙中现身的方式

（不但关联于物质，也关联于其同类的存有者），则可知：**诞生**（依形而上学的意义）、**生命**与**死亡**是否为我们能借理性去理解的事物？此处的要务是去确定：在此是否实际上有界限存在，而这些界限并非由我们的理性之限制，亦非由包含理性底材料的经验之限制来规定？然而，我就此打住，并且感谢您的友谊。也请向苏尔泽（Sultzer）教授先生[①]表达我特别的敬意，以及有幸得到其手泽的期望。

您最忠诚的仆人

伊曼努尔·康德

1766年4月8日于哥尼斯堡

[①] 这应当是指Johann Georg Sulzer（1720—1779）。他出生于瑞士，后移居到柏林。他曾在柏林担任一所高级文科中学的数学教授，并成为普鲁士王室学术院之成员。他曾将休谟的《道德原则研究》（*An Enquiry Concerning the Principles of Morals*）译为德文。康德在1766年2月7日写给门德尔松的信中拜托他转交一本《通灵者之梦》给苏尔泽（*KGS*, Bd. 10, S. 68）。——译者

附录二 本书在康德早期哲学发展中的意义与地位

李明辉

1

德国哲学家康德（Immanuel Kant，1724—1804）的《通灵者之梦——以形而上学之梦来阐释》（以下简称《通灵者之梦》）一书是一部即兴之作，其撰写系由瑞典通灵者史威登堡（Emanuel Swedenborg，1688—1772）的神秘事迹所直接促成。史威登堡原是知名的科学家及自然学家，曾发展出一套自然哲学。晚年他在经历了一场个人的宗教危机之后，逐渐走上神秘主义之道路。他自称拥有一种特殊禀赋，能与灵界交通，并且传出许多神秘事迹。他写了不少书来描述他在灵界中的所见所闻，其中最重要的是八册的巨帙《天上的奥秘》（*Arcana coelestia*，London，1749—1756）。在十八、十九世纪，他的信徒遍及瑞典、

附录二 本书在康德早期哲学发展中的意义与地位

英国、德国、波兰、瑞士及北美。

康德在一封于1763年8月10日写给夏洛特·冯·克诺布洛赫小姐（Charlotte von Knobloch）的信[1]中，详细叙述了他对史威登堡及其神秘事迹产生兴趣的经过。根据这封信中所述，康德当时对史威登堡的一些神秘事迹已有耳闻。他在信中转述了其中的两则。[2]后来他在《通灵者之梦》中又重述了这两则故事。[3]史威登堡是有身份地位的人物，非一般的江湖术士之流。康德在这封信中也提到，他的一位英国朋友在亲自拜访过史威登堡之后，认为史氏是"一个有理性、讨人喜欢且坦诚的人"[4]。这样一个人物之现身说法，似乎不能等闲视之。众所周知，康德的形而上学是以莱布尼茨（Gottfried Wilhelm Leibniz, 1646—1716）、沃尔夫[5]一系之理性主义形而上学为出发点，其后由于受到英国经验主义之刺激，逐渐走

---

[1] 此信见 *Kants Gesammelte Schriften*（普鲁士王室学术院版，以下简称 *KGS*），Bd. 10, S. 43-48。至于康德撰写此函的年代，其考证见：Bd. 13, S. 20f.

[2] 同上书，Bd. 10, S. 45-47。

[3] *Träume*, *KGS*, Bd. 2, S. 355f.

[4] *KGS*, Bd. 10, S. 45.

[5] 沃尔夫（Christian Wolff, 1679—1754）是德国哲学家，他将莱布尼茨的哲学系统化，建构当时在德国思想界居主流地位的"学院哲学"（Schulphilosophie）。——译者

出自己的道路。当1755年康德在哥尼斯堡（Königsberg）大学开始授课时，他已对理性主义形而上学之基础有所怀疑，而苦思解决之道。因此，我们不难想象史威登堡的事迹对当时的康德可能产生多大的吸引力。因为作为传统特殊形而上学之一的理性心理学旨在探讨心灵（或灵魂）之本质及特性；如果史威登堡真有他所宣称的特异禀赋，那么，在传统理性心理学中争论不休的一些问题（尤其是灵魂不灭之问题）岂非可以得到彻底的解决？

由这封信还可知道，康德曾拜托另一个英国商人带了一封信给史威登堡，向他提出一些问题。史威登堡并未回信，但托人转告康德说，他在即将出版的下一本书中将逐项答复康德在信中所提出的问题。康德便花了七英镑（对当时收入不丰的康德而言，这是一笔不小的款项），买了一部《天上的奥秘》。但读过之后，他却深觉受骗，于是便写了这本《通灵者之梦》。此书系于1766年匿名出版，但其撰写时间应在1765年。[①]在此书之"一个预备报告"中，康德诙谐地说明他撰写此书的缘由：

他〔按：指康德自己〕带着某种耻辱而承认，

---

① 参阅：*KGS*, Bd. 2, S. 500f.

他如此天真地探究若干上述那类故事之真实性。他发现——像通常在人们毋须寻找之处一样——他一无所获。而这点本身固然已是个充分理由去写一本书；但还得加上那个曾多次逼使谦逊的作者写书的原因，即认识或不认识的朋友之热烈要求。此外，他已购买了一本大书，而且更糟的是，还读了它；而这份辛劳不当虚掷。于是现在便产生了这部论文；而我们可自夸地说，它会按问题之性质完全满足读者，因为他将不了解最主要的部分，不相信另一部分，但嘲笑其余部分。[1]

2

在康德的全部著作中，《通灵者之梦》一书之风格是独一无二的。从书名中我们已可看出强烈的讽刺意味：他将形而上学家与通灵者相提并论。其笔调亦庄亦谐，类乎游戏之作。读者有时难免弄不清楚：哪些话是正经的论述？哪些话是幽默的讽刺？当时连对康德相知甚深的犹太哲学家门德尔松（Moses Mendelssohn, 1729—1786）都对此书之风格感到困惑。他在评论此书时写道：

---

[1] *Träume, KGS*, Bd. 2, S. 318.

"用以撰写这本小书之玩笑式的隐微涵义有时使读者怀疑：康德先生是否要使形而上学显得可笑，还是要使通灵显得可信？"[1]然而，只要我们将此书摆在康德当时的哲学发展之背景中，便不难看出在其诙谐的笔调背后实有一项严肃的目的，即批判传统的独断形而上学（特别是理性心理学）。史威登堡的事迹不过为这项批判提供了一个机缘而已。

如上文所述，康德在五十年代中叶已对传统的理性主义形而上学有所不满；这证诸他在1755年所发表的论文《形而上学知识底基本原则之新释》("Principiorum primorum cognitionis metaphysicae nova dilucidatio")。从六十年代起，由于英国经验主义（尤其是休谟）之影响，康德对传统形而上学的批判取得了新的视野。在1762—1763年之间，他共撰写了四篇论文：在《三段论式底四格之错误的烦琐辨析》("Die falsche Spitzfindigkeit der vier syllogistischen Figuren")一文中，他说明逻辑在哲学探讨中的效用之有限性，借此批评传统形而上学过分倚重逻辑的错误。在《上帝存在底证明之唯一可能的论据》("Der einzig mögliche Beweisgrund zu einer Demonstration des

---

[1] *Allgemeine deutsche Bibliothek*, IV, 2. St. (1767), S. 281.

Daseins Gottes"）一文中，他对传统神学中证明上帝存在的三种论证——存有论的、宇宙论的和自然神学的论证——都作了批判。在《关于自然神学与道德学底原理之明晰性的探讨》（"Untersuchung über die Deutlichkeit der Grundsätze der natürlichen Theologie und der Moral"）一文中，他说明数学知识与哲学知识（尤其是形而上学知识）之本质差异，并且强调形而上学知识不能只建立在概念之分析上。在《将负量底概念导入哲学中的尝试》（"Versuch den Begriff der negativen Größe in die Weltweisheit einzuführen"）一文中，他区别逻辑的对立与真实的对立，并且指出我们无法靠逻辑去说明真实的对立，因为真实的对立涉及因果关系。

在这四篇论文中共同隐含了一项经验主义的原则：单由概念之分析，凭借逻辑法则，我们无法对实在界形成任何知识，这种知识只能建立在经验之上。这项原则预设思想界与存在界之严格区分。在康德看来，传统形而上学之所以争论不休、毫无成果，便是由于在有意无意间混淆了思想界与存在界，误把逻辑关系当作因果关系，把逻辑根据当作真实根据。特别是对于像上帝存在、灵魂不灭这类的问题，由于缺乏直接经验，过去的形而上学家更是大逞其概念思辨之能事，各是其是，各非其非。如果史威登堡所言不虚，这就表示我们人类（至少其中一部分）对灵界及其中的存有者可以有直接的经验。这样一来，理性心理学便可以建立在经验之基础上，形而上学之发展也必然大为改观。我们无法确知康德原先是否多少相信有关史威登堡的传言，并且基于这个缘故去搜集其讯息和著作？还是他根本就不相信这类的传言，只是想借这个例子来凸显传统形而上学之谬悠无据？但无论如何，在康德接受了上述的经验主义原则之后，他便不能不正视人类直接与灵界交通的可能性（不论他是否承认这种可能性）。

因此，《通灵者之梦》在结构上分为两部：第一部称为"独断之部"，第二部称为"历史之部"。"历史"其实即意谓"经验"。第一部是顺着传统的独断形而上学之思路去证明灵界之存在及灵魂之不灭，结果显示出这种证明之无据。第二部则依据史威登堡的证言去重构灵界之图像，结果显示出这种图像之荒诞。以下笔者就分别概述这两部之要旨。

3

如上所述，传统形而上学之论断主要建立在依逻辑法则所作的概念分析上，本来无法超出思想界而涉及存在界。但传统的理性心理学却对灵界之存在与性质有所论断,这如何可能呢?唯一的办法是利用概念之混淆形成诡辩。因此,康德一开始就指出:"高等学府中有条理的废话往往只是一种默许,以可变的字义来规避一个难以解决的问题,因为在学院中难得听到'**我不知道**'这句方便且多半合理的话。"① 为了揭穿这种意义上的混淆,他着手分析一般人(包括哲学家)在使用"神灵"(Geist)一词时所赋予的内涵。他说:

> 〔……〕我不知道是否有神灵,尤有甚者,我从不知道"**神灵**"一词意谓什么。然而,既然我自己常使用它,或者听到别人使用它,那么此词必然意谓某物,而不论此物是个幻影还是真实之物。为了揭开这种隐藏的意义,我将我不甚了解的概念置于一切应用底场合中,并且借着注意它与什么相合,以及与什么相悖,我希望展现其隐含的意义。②

德文中的 Geist 一词,除了"神灵"义之外,也意谓"精神",因而具有歧义性。如果就其"精神"义而言,认识

---

① *Träume*, *KGS*, Bd. 2, S. 319.
② 同上书,S. 320。

这样的东西似乎不需要特殊的禀赋。因为依照一些哲学家之看法，"精神"是在人底内部拥有理性的部分，亦即赋予人以生命的部分。[1]但即使按照这个似乎最浅显的意义来说，"精神"底概念仍然不易理解。我们通常只能对比物质之特性来说明"精神"一词之涵义，譬如说：它不充塞空间、可穿透、不可分割、不受碰撞法则之支配等。[2]但纵使我们承认这个概念之逻辑可能性，我们仍无法肯定其真实可能性。因为一个概念只要不包含逻辑的矛盾，就具有逻辑可能性。但要肯定其真实可能性，还得对其对象之真实力量有所认识；而依照上述的经验主义法则，这种知识只能求诸经验。偏偏我们无法凭经验表象认识精神这种非物质性存有者之活动与力量。纵使就它与物质（如人之躯体）间的关系而言，由于它不受碰撞法则之支配，它的活动和力量如何影响物质，亦非我们的经验所能把握。这些问题实已超出人类知识之限度。在这个限度之外，人类理性可尽情驰骋其思辨能力，但决无法对这些问题提出决定性的答案。因此，康德说："人们能假定非物质性存有者之可能性，而不虞遭到否定——尽管也无法期望能以

---

[1] *Träume*, *KGS*, Bd. 2, S. 319.
[2] 同上书，S. 320f.。

理性底根据证明这种可能性。"①

由于"精神"概念之这种思辨性质,它不虞遭到经验之否定,因此一切秘密哲学在此均可自圆其说。但如果精神真的具有秘密哲学家所描述的那些特性,何以只有少数人能认识这些特性呢?面对这项质疑,这些哲学家仍可假定:对于精神,我们虽无直接的经验,但可借由一种图像化的表象间接地认识它。康德为这些哲学家设想了这种表象方式:

〔……〕这类现象却不是普通而寻常之物,而是只发生于某些人身上——他们的器官有一种异常大的敏感性,能借和谐的运动依心灵底内在状态强化幻想底图像,甚于通常在正常人身上所发生而且也应当发生之事。这类不凡的人在某些时刻会被若干在他们之外的对象之出现所纠缠,而他们会认为这是精神性存有者之现身,这种现身影响到他们的身体感觉——尽管在此只产生想象之一种幻觉。但此种幻觉之原因却是一种真正的精神感应——这种感应无法直接被感觉到,而是仅借由幻象之相近图像

---

① *Träume, KGS*, Bd. 2, S. 323.

（它们具有感觉之外貌）呈显于意识。①

这类现象似乎即是灵异故事中通常所谓的"神灵"。Geist 一词至此便在无形中转换了涵义。

然而，除了"精神"概念之这种歧义性之外，秘密哲学还有一项更严重的弱点：既然其学说只建立在少数人的特异禀赋之上，则它缺乏一切哲学理论所要求的普遍性。对于这点，康德写道：

> **亚里士多德**在某处说：**当我们清醒时，我们有一个共通的世界；但是当我们做梦时，每个人有他自己的世界**。在我看来，我们或许可倒转后面一句而说：当不同的人当中每个人有其自己的世界时，可以推想他们在做梦。②

在这段话中康德所引述的应当是古希腊哲学家赫拉克利特（Herakleitos）所说的③，他误记为亚里士多德所说的。但无

---

① *Träume*, *KGS*, Bd. 2, S. 339f.
② 同上书，S. 342。
③ 参阅：Hermann Diels/Walther Kranz (Hg.): *Die Fragmente der Vorsokratiker* (Berlin: Weidmann, 1974, 17 Aufl.), Bd. 1, S. 171, Fragment 89.

论如何，假使一个世界（不论我们称之为精神世界还是灵界）只能为少数人所认识，其真实性便很可怀疑；对于有关这个世界的种种叙述，我们也没有任何办法去分辨：它们究竟是真理还是幻觉？因此，我们大可把史威登堡这类的通灵者视为"感觉底梦幻者"，以之与"理性底梦幻者"（独断的形而上学家）相对比。[①]这两种梦幻者之间有一项类似之处：形而上学家可凭理性认识他人无法认识的对象，通灵者则可感觉到常人无法感觉的事物。依此观点，康德对所谓"通灵"之现象提出一种可能的解释：

> 由教育得来的概念或甚至在其他情况下混进来的各种幻觉将在此产生作用，使迷惑与真理相混淆，而且虽然有一种实际的精神性感觉作为根据，但这种感觉却已被变造成感性事物之影像。但人们也会承认：在此生中以这种方式将精神世界之印象开展成清楚的直观的那种特质在此很难有所助益；因为精神性感觉在此必然如此准确地被编入想象底幻影之中，以致在这种感觉中将真实之物与环绕它的粗俗假象区别开来，是断无可能之事。此一状态也显

---

① 参阅：*Träume, KGS*, Bd. 2, S. 342.

示一种实际的疾病,因为它预设神经中一种已改变的平衡状态,而这些神经甚至由于仅以精神方式去感觉的心灵之作用而处于不自然的运动之中。最后,如果我们见到一个通灵者同时是个幻想家(至少就他这些幻象之伴随图像而言),将完全不足为异。因为在本性上不为人所熟悉且与人底肉体状态中的表象不相容的表象凸显出来,并且将配置不当的图像引入外在感觉之中,而狂乱的妄想和奇特的怪相由此被捏造出来;尽管它们可能有一种真实的精神感应为依据,它们仍一连串的迷惑受骗的感觉。①

康德在此把所谓的"通灵"解释成一种因实际的疾病而产生的幻觉,并非因为这种解释方式比另一种解释方式(承认通灵者见到真实的对象)在理论上有更大的说服力。因为单就其逻辑可能性而言,这两种解释方式实不分轩轾。他在这里所使用的方法正是他在《纯粹理性批判》(*Kritik der reinen Vernunft*)一书中所谓的"怀疑法"。这种方法"并非为了对一方或另一方作有利的裁决,而是为了探讨:其争论底对象是否可能只是个假象——每个人都徒

---

① 参阅:*Träume*, KGS, Bd. 2, S. 340.

然地追逐它，而且纵使它完全无所抵牾，他们在它那里仍无法得到任何东西"①。换言之，当我们运用怀疑法来反驳一项论点时，并不直接否定之，而是提出一项与之针锋相对而且在理论上同样可能的论点；其目的并非要证成反面的论点，而是要借此凸显出原先的提问方式之不恰当。因为如果在此所讨论的对象超乎人类知识之界限，则原先的提问方式必然是基于一项未经批判的前提：人类可以认识这种对象。在这种情况之下，正反双方之论点当然都不会被驳倒，而形成他在《纯粹理性批判》中所谓的"背反"（Antinomie）。因此，康德在这里提出"通灵是因疾病而产生的幻觉"这种解释，并非他真的要否定精神世界之存在及灵魂之不灭，而只是想借此凸显出该项前提之不当。读者之所以常觉得康德在《通灵者之梦》中的论点难以把握，与这种方法之运用大有关系。

在第二部中，康德摘述史威登堡的幻象及他对灵界的描述。康德显示出这类描述之荒诞实不亚于形而上学家之种种思辨性臆想。因此，他在第一部中以病态的幻觉来解释通灵的观点似乎也没有理由不能用在史威登堡身上。是

---

① *Kritik der reinen Vernunft*, hrsg. von Raymund Schmidt (Hamburg: Felix Meiner, 1976), A423f. /B451. 参阅：A485f./B513f., A507/B535（A = 1781年第一版，B = 1787年第二版）。

故，康德在评论史威登堡时写道："他的故事及其编纂事实上似乎源于**狂热的直观**，并且很少使人怀疑：一种颠倒思索的理性之思辨性幻影已促使他虚构这些故事，并且利用它们来骗人。"①

4

康德批判史威登堡的目的在于借此凸显出传统的独断形而上学之虚妄，因为过去的形而上学家误以为单凭理性便可得到关于实在界的知识。这些形而上学家实不了解哲学（作为理性知识底系统）之本质和限度。关于这点，康德写道：

"在原因与结果、实体与活动之关系中，哲学起初是用来解开错综复杂的现象，并且将它们化约为更单纯的表象。但是当人们终于达到这些基本关系时，哲学之工作便结束了；至于某物如何能是一个原因或是有一种力量，这决不可能借由理性去理解，而是这些关系只能由经验取得。因为我们的理性规则仅涉及依据**同一性**与**矛盾**所作的比较。但倘若某

---

① *Träume*, *KGS*, Bd. 2, S. 360.

附录二 本书在康德早期哲学发展中的意义与地位 123

> 物是一个原因,则由于**某物**,**另一**物被设定,且因此,没有任何关联能由于一致性而被发现;这如同当我不愿将这同一物视为一个原因时,决不形成一项矛盾,因为某物被设定时取消另一物,这并不自相矛盾。因此,作为原因的事物之基本概念(力量与活动之基本概念)若非得自经验,便是完全任意的,而且既无法被证明,也无法被否定。①

这是前面提到的经验主义原则之最佳说明。既然形而上学所讨论的对象(如灵魂之本性、上帝之存在等)均非经验之对象,则过去的形而上学家试图获得这些对象之知识的努力注定不会有结果。但是康德对形而上学的批判并非要否定形而上学;因此,尽管他受到休谟的经验主义之极大影响,但他并未像休谟一样,成为怀疑论者。他只在方法论上运用怀疑,却未主张怀疑论。后来他在《纯粹理性批判》中也强调:怀疑法与怀疑论完全不同。②这点正显示出:在康德哲学之整个发展过程中,即使在他受到休谟最大影响的阶段,他和休谟的基本立场之间仍有极大的差异。

---

① *Träume*, KGS, Bd. 2, S. 370.
② *KrV*, A424/B451.

康德无意否定形而上学。他诙谐地表示："尽管我罕能自诩多少得到它的青睐，但我注定爱上了它。"[①]但他又不能（也不愿）走传统形而上学之老路。剩下的唯一出路便是重新规定形而上学之任务。康德指出：我们可以用两种方式去理解形而上学之任务。从积极方面来说，形而上学是要"解决探究之心在借由理性去窥探事物之隐秘性质时所提出的课题"[②]。传统形而上学已在这方面做过努力，但并未成功。因此，我们只能从消极方面去理解形而上学之任务，即在于"了解：这项课题是否也由人们所能知道之事来决定？再者，这个问题与我们的所有判断始终必须凭依的经验概念有何关系？"[③]在这个意义之下，形而上学成了"一门关于**人类理性之界限**的学问"[④]。换言之，形而上学不再是要认识超经验事物之性质，而是要决定人类知识之限度；因此，它成了一门批判性的学问。康德认为，由这种意义的形而上学所带来的好处更合乎人类知性之本性。[⑤]

因此，作为一门特殊形而上学的理性心理学或精神学

---

① *Träume*, *KGS*, Bd. 2, S. 367.
② 同上。
③ 同上书，S. 367f.。
④ 同上书，S. 368。
⑤ 同上书，S. 367。

(Pneumatologie）也只能有消极的功用。在《通灵者之梦》中，康德写道：

> 关于精神性存有者的哲学学说〔……〕能够完成，但只是就**消极的**意义而言；因为它确切地决定我们的解悟之界限，并且使我们相信：自然中的**生命**之各种现象及其法则是我们所能认识的一切，但此生命底原则（亦即人们并不认识而是推想的精神本性）却决无法积极地被设想，因为在我们的全部感觉中找不到与此有关的材料。[①]

在这种情况下，如果哲学家硬要提出关于精神及精神世界的知识，便只能运用一种偷梁换柱的伎俩：表面上假装以先天的（a priori）方式作理性的推论，暗地里却以后天的（a posteriori）方式从经验中撷取知识之材料。[②]当这些哲学家对"精神"底概念作理性分析时，他们可能暗中通过由教育或传闻得来的经验概念（如"神灵"概念）为这个概念取得材料，从而赋予它知识之意义。因此，其整个推

---

① *Träume, KGS*, Bd. 2, S. 351f.
② 同上书，S. 358f.。

论系建立在概念底歧义性之上。

5

阐明了康德在《通灵者之梦》中赋予形而上学的新意义之后，笔者将进而比较此书与《纯粹理性批判》中的形而上学观点（尤其在理性心理学之范围内），以确定此书在康德哲学发展中的地位。但为方便这项比较工作起见，笔者想先扼要叙述德国学者施穆克尔（Josef Schmucker）在这个问题之范围内所得到的重要结论。一般研究康德哲学的人很容易理所当然地假定：《纯粹理性批判》中的《先验辩证论》预设《先验感性论》和《先验分析论》之结论。但是施穆克尔依发展史之线索否定了这项假设。因为根据他的研究，康德到1769年（即所谓的"突变"之年）才发现时间与空间之主观性[1]，到1771年、1772年之交才发现范畴之主观性[2]。他又根据康德的书信和札记考证出：在1760年代中叶（即康德撰写《通灵者之梦》之时），

---

[1] 参阅：Josef Schmucker: "Was entzündete in Kant das große Licht von 1769？", *Archiv für Geschichte der Philosophie*, Bd. 58 (1976), S. 393-434.

[2] 参阅：Josef Schmucker: "Zur entwicklungsgeschichtlichen Bedeutung der Inauguraldissertation von 1770", in: Gerhard Funke/Joachim Kopper (Hg.), *Akten des 4. internationalen Kant-Kongresses Mainz 1974* (Berlin: Walter de Gruyter, 1974), Teil 1, S. 281.

康德已发现一些形而上学的基本概念——这些概念是"或然的"（problematisch），也就是说，它们本身包含我们据以理解对象的主观条件，但其客观实在性无法被肯定；它们也是辩证的（dialektisch），因为如果我们将它们客观化，便会形成一种知性之幻相，使得相互对立的主张似乎都言之成理。①这些概念包括"存有之绝对必然性""物质之单纯元素"和"无决定根据的活动"②。这类形而上学概念即相当于《纯粹理性批判》中所谓的"理念"（Idee）。因此，该书《先验辩证论》中的基本学说（关于理念和背反的学说）此时在康德的思想中已经成形——完全无待于关于时间、空间及范畴的先验学说！

笔者大体同意施穆克尔以上的推断。但他似乎未注意到：康德在《通灵者之梦》中也暗示了形而上学概念（在

---

① 参阅：Josef Schmucker: "Kants kritischer Standpunkt zur Zeit der Träume eines Geistersehers, im Verhältnis zu dem der Kritik der reinen Vernunft", in: Ingeborg Heidemann/Wolfgang Ritzel (Hg.), *Beiträge zur Kritik der reinen Vernunft 1978-1981* (Berlin: Walter de Gruyter, 1981), S.1-36.

② *KGS*, Bd. 17, S. 273f., Refl. 3732. 康德在另一处提到两个这类的概念，即"绝对必然者"和"绝对偶然者"（同上书，S. 260, Refl. 3717）。前者相当于"存有之绝对必然性"，后者相当于"无决定根据的活动"。此外，请参阅：Schmucker: "Kants kritischer Standpunkt zur Zeit der Träume eines Geistersehers, im Verhältnis zu dem der Kritik der reinen Vernunft", a. a. O., S. 9-14.

这里指"精神实体"或"精神性存有者"之概念)之辩证性格。①我们从字里行间可看出：康德并无意否定这个概念。例如，他在一处写道："我承认：我十分愿意主张非物质性存有者在世界中的存在，并且将我的心灵本身归入这类存有者中。"②他在这里插进一个脚注，并且解释道：

> 在世界中包含一项**生命**底原则者，似乎即具有非物质的本性。因为一切**生命**均是以依**意念**（Willkür）而自我决定的内在能力为根据。反之，物质之基本特征在于以一种必然的力量充塞空间，而这种力量为外在的反作用所限制；因此，一切物质性的事物之状态均是外在地**依待的**且**受到强制的**，但是据称**自行活动**且由其内在力量产生作用、因而包含生命底根据的那些存有者——简言之，即是其本身的意念能自行决定并改变自己的那些存有者——很难能具有物质的本性。③

---

① 施穆克尔总结在这个发展阶段中《通灵者之梦》所包含的新观点时，并未提到这点。参阅：Schmucker: "Kants kritischer Standpunkt zur Zeit der Träume eines Geistersehers, im Verhältnis zu dem der Kritik der reinen Vernunft", a. a. O., S. 20.
② *Träume*, *KGS*, Bd. 2, S. 327.
③ 同上书，S. 327 Anm。

由这段话我们可以推断：康德所谓的"精神性存有者"即是具有自由活动之能力的实体，而上述的"无决定根据的活动"之概念可与"精神性存有者"之概念合起来，当作一个或然的形而上学概念。这也可说明，何以康德正好提出三个形而上学的基本概念。因为这三个概念正好配属于三门特殊形而上学："存有之绝对必然性"属于自然神学，"物质之单纯元素"属于理性宇宙论，"无决定根据的活动"则属于理性心理学。这三个概念即相当于康德在《先验辩证论》中所提出的三个先验的理念：心灵、宇宙和上帝。

尽管康德在《通灵者之梦》与《纯粹理性批判》二书中都把心灵实体当成一个理念，但是他讨论心灵问题的方式并不尽相同。如上所述，康德在《通灵者之梦》中从两方面批判传统的理性心理学：一方面借由分析"精神"底概念，指出其歧义性；另一方面运用怀疑法，凸显传统理性心理学之独断性格。但是在《纯粹理性批判》中，他将第一项策略当作整个《先验辩证论》之基础，借以批判整个传统形而上学。因为依他的看法，过去的形而上学家不了解上述的三大理念只是或然的概念，只是我们据以认识对象的主观形式条件，误以为它们指涉实在的对象；因此，整个传统形而上学系建立在这种幻相（或者说，概念底混淆）之上。①

康德在《纯粹理性批判》中讨论"纯粹理性之误推（Paralogismus）"时，指出传统理性心理学所依据的推论基本上是一种"言语形式之诡辩"（sophisma figurae dictionis）。②这种诡辩在于将作为思想之形式条件的自我统觉与作为知识对象的心灵实体混为一谈，借以推论出心灵之实体性，再由此进一步推出心灵实体之其他特性（如单纯性、人格性、非物质性、不灭性、不可坏性等）。他在《通灵者之梦》中虽未如此有系统地批判传统理性心理学中的种种主张，但也使用了同样的策略，即指出"精神性存有者"底概念之歧义性：它一方面可当作一个形而上学的基本概念，因而只是个或然的概念；另一方面，它在通灵者口中及灵异故事中却似乎指涉实在的对象。依他当时的看法，传统的理性心理学即是建立在这种概念底混淆之上。

至于康德在《通灵者之梦》中所使用的第二项策略，他在《纯粹理性批判》中论"纯粹理性之误推"时并未用来讨论心理学之问题，而是在论"纯粹理性之背反"时用

---

① 参阅：*KrV*, A338f./B396f.
② *KrV*, A402 u. B411.

来解决宇宙论之问题；而且在"精神性存有者"之概念中所包含的"意志自由"之问题他放在第三个宇宙论的背反中来讨论。关于"纯粹理性之背反"的全部讨论基本上是怀疑法之运用。这种怀疑法属于他在《先验方法论》中所谓的"纯粹理性之争辩的运用"。借用他自己的话来说：

> 所谓"纯粹理性之争辩的运用"，我在此意指：为纯粹理性之命题辩护，以对抗对这些命题之独断的否定。此处的问题并不在于：纯粹理性之论断是否也可能是虚假的，而只在于：决无人能以必然的确切性（甚至仅以较大的疑似性）肯定反面的论点。[①]

由此可知：纯粹理性之这种运用并非意在肯定任何论点，而是意在形成正反论点之背反，借以凸显出其中所包含的幻相，即是将此处所讨论的对象误认为知识之对象。

在《先验方法论》中，康德甚至提到这种方法也可运用到自然神学和理性心理学之中，而形成背反。在自然神学中，"有一个最高存有者存在"的有神论观点与"无最高存有者存在"的无神论观点形成背反；而在理性心理

---

① *KrV*, A739f./B767f.

学中,"心灵具有绝对常住的统一性,因而有别于一切可消逝的物质统一性"的观点与"心灵不是非物质性的统一性,而且无法免于消逝"的观点形成背反。[①]从知识底观点来看,无论那一方之论点都无法否定对方之论点,双方相持不下。但此时由于另一项因素之加入,却可改变双方论点之分量。康德写道:

> 在此只要纯粹理性在否定的一方能说出近乎一项论断之理由的道理,我们就会碰到一种真实的冲突;因为我们固然能同意对独断的肯定者之论据作批判,而不因此放弃这些命题;但这些命题至少受到理性底兴趣之支持,而反对者完全无法诉诸这种兴趣。[②]

这里所谓"理性底兴趣"其实是指其实践的兴趣。由于理性对于上述的正面观点(上帝之存在与灵魂之不灭)具有实践的兴趣,因此加重了其分量。但这种结果并非就知识上说,而是就信仰上说;由此形成康德所谓

---

① *KrV*, A741/B769.
② 同上。

的"道德的信仰"（moralischer Glaube）或"理性底信仰"（Vernunftglaube）。①

6

在《通灵者之梦》中也有一段话，包含关于"理性之实践兴趣"的思想（尽管当时他尚未提出这个概念）。康德在该书第一部第四章中总结其探讨之成果时，用一个比喻来说明正确运用理性的方法：如果我们想知道一个秤是否合乎标准，最简易的办法是把置放商品和砝码的秤皿调换。同样地，若要保证我的理性之正确运用，只消"我将自己置于他人的外在的理性之地位上，并且从他人之观点去考察我的判断，连同其最隐秘的动机"②。但接着他写道：

> 我未发现任何一种执着或者还有一种未经检查即滋生的爱好从我的心中夺去对各种各样正反理由的服膺，只除开一种执着。知性之秤本非完全不偏不倚，而且其载有"**对未来的期望**"底题词的杆臂具有一种机械上的优势，而这使得连落入此杆臂一

---

① 参阅：*KrV*, A828f./B856f.
② *Träume*, *KGS*, Bd. 2, S. 349.

> 端底秤皿的轻微理由都使在另一端本身较重的思辨向上翘。这是我决无法消除的唯一不当，而且事实上我也从不想消除它。如今我承认：一切有关死去灵魂之出现或神灵感应的故事，以及一切关于精神性存有者之臆测本性及它们与我们之联结的理论，唯有在期望底秤皿中有显著的重量；反之，在思辨底秤皿中，它们似乎纯由空气所组成。①

所谓"对未来的期望"即是对灵魂不灭或来生的期望。康德在早期（至少在《通灵者之梦》中）并未严格区别"理性"（Vernunft）和"知性"（Verstand）二词，甚至往往混用，因此他所谓的"知性之秤"实即理性之秤。理性对于"灵魂不灭"之说有一种无法消除的偏好，这岂不正是其实践的兴趣？在思辨上，肯定灵魂不灭及精神世界之存在的一方与其对立的另一方相持不下，任何一方都无法驳倒对方。但理性之实践兴趣却加重了正方观点之分量，使我们能在信仰上（而非知识上）肯定灵魂之不灭。

这种建立在实践兴趣之上的信仰即是康德在《纯粹理性批判》中所谓的"道德的信仰"。在《通灵者之梦》一

---

① *Träume*, *KGS*, Bd. 2, S. 349f.

书之结尾有一段很重要的文字,充分显示康德此时对这个问题的看法:

> 学问之虚荣喜欢以重要性为借口,为其工作辩护;而且在此人们通常也宣称:对于灵魂之精神本性的理性解悟是对死后的存在之信仰所急需的,而后者却是一种有德的生活之动机所急需的;但无聊的好奇心加以补充:死去灵魂底显现之真实性甚至能为这一切提出一种来自经验的证明。然而,真正的智慧是纯真之伴随者,而且既然在真正的智慧中,心为知性提供规范,这种智慧通常使博学之庞大装备成为多余,而且其目的不需要这类的工具(它们决非所有人均能掌握)。怎么说呢?难道只因为有个来世,"有德"才是善的吗?还是毋宁因为行为本身是善而有德的,它们才在将来得到报偿呢?人心岂非包含直接的道德规范,而为了使人在此世按照其分命(Bestimmung)而活动,人们一定得在另一个世界启动机关吗?有一种人只要不受到未来的惩罚所威胁,便宁愿屈从于他所嗜好的罪恶,这种人可说是正直的吗?可说是有德的吗?人们岂非更得说:他固然不敢作恶,但其心灵却怀有邪恶的存心,而

> 他喜好类乎德行的行为之好处，但却憎恶德行本身？而且事实上经验也说明：极多被教导并相信来世的人却耽于罪恶和卑劣，只知盘算狡诈地规避未来之威胁性报应的手段；但是从来没有一个正直的心灵能忍受"一切事物均随着死亡而终结"这个想法，而且其高贵的存心不奋而期望于未来。因此，将对来世的期待建立在一个生性善良的心灵之感觉上，似乎比反过来将其良好举止建立在对另一个世界的期望上，更合乎人性和道德之纯粹性。**道德的信仰**也是如此；其纯真可免除诡辩之一些烦琐辨析，并且只有这种信仰适合于在所有状态中的人，因为它将人直截了当地引到其真正的目的。①

这段话中有些问题需要进一步的解释。首先，施穆克尔指出：这里所谓"道德的信仰"只是指对上帝存在的信仰而言。② 从上下文看来，我们的确只能如此解释；但康德在《纯粹理性批判》中所谓的"道德的信仰"却包括对灵魂不灭

---

① *Träume*, KGS, Bd. 2, S. 372f.
② Josef Schmucker: *Die Ursprünge der Ethik Kants in seinen vorkritischen Schriften und Reflektionen* (Meisenheim/Glan: Anton Hain, 1961), S. 159f.

附录二　本书在康德早期哲学发展中的意义与地位　137

的信仰。无论如何，他在这两部书中的立场是一致的，即反对以对上帝存在和灵魂不灭的信仰作为道德的动机，但不反对把这种信仰建立在道德的存心之上。因为既然这种信仰在思辨上无法证明，我们以之为道德动机，即是将道德建立在不稳的基础之上。再者，这等于将义务之必然性建立在目的与手段之关系上，使义务成为有条件的；这违反道德之本质。但是，根据道德的存心去肯定上帝存在及灵魂不灭是另一回事，这无损于道德之绝对性；而且既然我们的理性对这两者具有实践的兴趣，这也合乎人性之倾向。

然而，问题是：康德在这里一则说"心为知性提供规范"，再则说要"将对来世的期望建立在一个善良的人之感觉上"，似乎不以理性（或者说知性）为道德法则之制定者。然则，这种实践的兴趣还能说是理性底兴趣吗？笔者前面的解释是否有问题呢？要解答这个疑问，甚至要彻底了解这段引文之涵义，我们都得对康德伦理学在1760年代的发展过程有个通盘的了解。对于康德伦理学在这个阶段中的发展过程，施穆克尔在其《康德伦理学在其先批判期著作及随思中的根源》(*Die Ursprünge der Ethik Kants in seinen vorkritischen Schriften und Reflektionen*) 中已有极深入而详尽的说明。要了解早期康德伦理学之发展者，决不可略过这部著作。但在一些关键点上，施穆克尔的解释大有问题。笔者在以德文撰写的博士论文《康德伦理学之发展中的道德情感问题》(*Das Problem des moralischen Gefühls in der Entwicklung der Kantischen Ethik*)中对他的解释作了不少修正。以下笔者就本文之讨论所涉及的范围，依笔者博士论文之研究成果，极简要地概述康德伦理学在这个阶段中的发展过程。

7

康德伦理学之发展系以沃尔夫所代表的理性主义伦理学为起点。康德在其求学时代已对这套伦理学非常熟悉。沃尔夫从莱布尼茨的形而上学借用"圆满性"(Vollkommenheit/perfectio)之概念作为最高的道德原则。但这个概念是个纯形式的概念，其本身不包含任何内容；因此，我们如何根据它来决定具体的义务，就成了个问题。为了解决这个问题，沃尔夫引进了"目的"(Zweck)之概念，依手段与目的之关系来理解行为之圆满性。换言之，人类行为之圆满性在于它能达到一个普遍的目的，即"人之本质和本性"。[①]但这样一来，所有的道德行为至多

---

① Christian Wolff: *Vernünftige Gedanken von der Menschen Thun und Lassen, zu Beförderung ihrer Glückseligkeit* (Frankfurt u. Leipzig, 1733), §2.

具有工具价值，而无内在价值；而这与道德之绝对性（无条件性）相抵牾。因此，沃尔夫面临一个两难之局：或者他得承认"圆满性"原则不足以充分决定具体的义务，或者他得否定道德之绝对性，而使其"圆满性"原则与道德之本质相抵牾。这项难题使康德必须超越理性主义伦理学，而另谋解决之道。

大约在1760年代初，康德接触了英国哲学家沙夫茨伯里（A. A. C. Shaftesbury, 1671—1713）、哈奇森（Francis Hutcheson, 1694—1747）和休谟之道德感学说，深受其影响；其中哈奇森之影响尤大。哈奇森等人以"道德感"（moral sense）或"道德情感"（moral feeling/moral sentiment）作为义务之"践履原则"（principium executionis）和"判断原则"（principium dijudicationis），可避免依手段和目的之关系来理解道德之善，从而保住道德之绝对性。因此，康德在1762年完成的《关于自然神学与道德学底原理之明晰性的探讨》一文中，将沃尔夫的"圆满性"概念中所包含的两项道德原则视为义务之形式原则，而把道德情感视为义务之实质原则[1]；其调停理性主义伦理学和道德感学说的用心至为明显。因此，在道德判断中，理性和情

---

[1] *KGS*, Bd. 2, S. 299f.

感共同决定具体的义务。这项观点同时预设了道德原则与道德情感间的本质关联，大异于他日后将道德情感仅视为我们对道德法则的意识之附随现象。如果我们将他在理性主义影响下的伦理学思想列为其伦理学发展之第一期，则1760年代以后，其伦理学发展因受到英国道德感学派之影响而进入了第二期。

根据施穆克尔之考证，康德在1763年10月到次年2月之间阅读了卢梭的《爱弥儿》和《社会契约论》，大受其影响。[①]笔者根据这点，将此后康德伦理学之发展列入第三期，直到1768年、1769年之交为止。《通灵者之梦》正属于这个发展阶段。卢梭对当时康德的伦理学思想之影响主要表现在四个方面。首先，卢梭极力反对启蒙运动中过分强调理性（而且只是工具意义的理性）的道德观，转而强调情感和良心在道德活动中的作用。就这点而言，卢梭与哈奇森对康德的影响是一致的。其次，卢梭的文化哲学中"自然状态"与"文明状态"之概念框架为康德提供了一项分析人性的方法。第三，卢梭的伦理学特别强调"同情"，康德因此把"设身处地"之规则当作一项有助于

---

① Schmucker: *Die Ursprünge der Ethik Kants in seinen vorkritischen Schriften und Reflektionen*, S. 142.

道德判断的"启发性工具"(medium hevristicum)。[①]第四，卢梭的《社会契约论》中"共同意志"及"共和国"之概念为康德提供了一个构思精神世界的模式；这点直接牵涉到《通灵者之梦》，以下笔者会作进一步的说明。正如在第二个阶段中一样，现在康德仍然把道德判断归诸理性和情感之共同作用。

根据笔者的考证，康德在1768年、1769年之交发现了一项新的形式原则，等于他日后所谓的"定言令式"(kategorischer Imperativ)[②]。他认为，理性凭这项原则，可以充分决定具体的义务；因此，在道德判断中，理性可以完全取代道德情感之作用。这样一来，道德情感不再是义务之判断原则，而只是其践履原则（动机）。此后康德始终坚持这个基本立场。所以，由此时起，直到他于1785年在其《道德底形而上学之基础》(*Grundlegung zur Metaphysik der Sitten*)一书中提出一套完整的伦理学系统为止，构成其早期伦理学发展之最后一期。他在1785年以后的伦理学思想则属于其晚期伦理学。

[①] "Bemerkungen zu den Beobachtungen über das Gefühl des Schönen und Erhabenen", *KGS*, Bd. 20, S. 156.

[②] 参阅：Ming-huei Lee: *Das Problem des moralischen Gefühls in der Entwicklung der Kantischen Ethik* (Taipei: Academia Sinica, 1994), S. 124-126.

8

在了解了康德撰写《通灵者之梦》时其伦理学发展之背景后,我们自然能理解他何以在该书之结尾说"心为知性提供规范",又说要"将对来世的期望建立在一个善良的人之感觉上"。因为这显然受到道德感学派及卢梭的情感伦理学之影响。而他说"真正的智慧是纯真之伴随者",也显然与卢梭"回归自然"的呼吁有关。再者,由于他此时同时承认理性与情感在道德判断中的作用,笔者将其"知性之秤"底偏曲解释为理性之实践兴趣,也与这些话不相抵牾。因为他此时的伦理学观点并不像其晚期的观点一样,预设一个情感与理性截然二分的人类学间架。[1]

在《通灵者之梦》中有一段直接讨论伦理学问题的文字,我们必须特别加以讨论。这段文字出现于第一部第二章《开启与灵界间的交通的秘密哲学之断简》中,是在讨论过程中离开正题而插入的一个段落。康德在此章中首先顺着独断形而上学之思路去推断"精神性存有者"之性质;但他也明白:这种推断并不等于真正的知识。因此,

---

[1] 参阅:李明辉:《儒家与自律道德》,载李明辉:《儒家与康德》,广西师范大学出版社2021年版,第21—31页。

他想到一个主意："如果精神世界之这一类有条理的状态（如我们所设想的），能够不单从一般而言的精神本性之概念（它根本是太过假设性的），而是从某种实际的且普遍被承认的观察去推断出来，甚或只是臆测其可能性，这将是美妙之事。"[1] 接着，他便插入这段文字。首先，他写道：

> 在鼓动人心的力量当中，若干最强大的力量似乎在人心之外；因此，这些力量决非仅作为手段而涉及自私与私欲（作为**在人本身之内**的目标），而是它们使我们的激动之倾向将其辐辏点置于**我们以外**的其他有理性者之中。由此产生两种力量之冲突，即是私己性（Eigenheit）（它让一切都涉及自己）与公益（它驱动或牵引心灵到自己以外的其他人）这两种力量之冲突。我撇开一种欲望——由于它，我们极强烈而普遍地执着于他人之判断，并且将他人之同意和赞许视为完成我们对自己的判断所必要者。尽管由此偶尔会产生一种被误解的荣誉狂，但甚至在最无私且最真诚的性情中仍可察觉到一种秘密的趋向，将人们自己认为**善的**或**真的**事物与他人之判

---

[1] *Träume*, KGS, Bd. 2, S. 333.

> 断加以比较，以使两者一致；而且在每个人类心灵似乎走上我们走过的道路以外的另一条小径时，仿佛在认识之途上使它停住。这一切或许是我们自己的判断对于**普遍的人类知性**之一种被感觉到的依待性，并且成为一种手段，以便使全体思考的存有者取得一种理性之统一。[1]

康德在这里视为"实际的且普遍被承认的观察"者是人心中的一种利他的冲动。在这种冲动中，他发现我们有一种倾向，即不论在道德判断还是知识判断中，都想得到他人之同意，亦即要求判断之普遍有效性。根据这项事实，他提出一个形而上学假设，即在普遍的知性（或理性）下一切思考的存有者之统一，亦即一个普遍的思想世界。

但他接着表示，他目前不想讨论"这项在其他情况下并非无关紧要的考察"，而要诉诸另一项考察，而"就攸关我们的目标而言，这项考察是更为显明且更为重要的"。[2]然后他便开始讨论这项观察，据以建立另一个形而上学假设。康德的这段文字颇长，但因其中涉及许多问

---

[1] *Träume, KGS*, Bd. 2, S. 334.
[2] 同上。

附录二　本书在康德早期哲学发展中的意义与地位　145

题，为了讨论之方便起见，我将全文引述于下：

> 如果我们使外物涉及我们的需求，则我们无法这样做，而不同时感到自己受到某种感觉之束缚与限制；这种感觉使我们察觉：在我们内部仿佛有一个外来的意志在发生作用，而且我们自己的愿望需要以外在的同意为条件。一种秘密的力量迫使我们同时将我们的意图对准他人之福祉，或依外来的意念调整我们的意图（尽管我们往往不情愿这么做，而且这与自利的爱好强烈冲突），且因此我们的欲望底方向线之辐辏点并非仅在我们之内，而是还有鼓动我们的力量在于我们以外的他人之意欲中。由此便产生经常违逆自利之念而引动我们的那些道德冲动，即强烈的责任（Schuldigkeit）法则和较弱的善意（Gütigkeit）法则；这两者均强使我们作若干牺牲，而且纵使它们偶尔被自利的爱好所压制，但在人性中仍然不会不显示出其现实性。借此我们见到自己在最隐秘的动机中依待于**共同意志之规则**，且由此在所有思考的存有者之世界中，一种**道德的统一**与有条理的状态依纯然精神性的法则而产生。如果人们要将这种使我们的意志符合共同意志，

而为我们所感觉到的强制称为**道德情感**（Sittliches Gefühl），则他们只是将它当作实际发生于我们内部的事物之现象来谈论，而未确定其原因。所以**牛顿**将一切物质相互接近的倾向之确定法则称为物质之**重力**（Gravitation），因为他不想使其数学的证明恼人地卷入可能关于重力底原因的哲学争论之中。但他仍然无所迟疑地将这种重力当作物质底相互的普遍活动之真实作用来讨论，且因此又予它以**引力**（Anzichung）之名。难道我们不可能将相互关联的思考存有者中的道德冲动之现象同样设想为一种真实活动的力量（精神性存有者借此力量相互交流）之结果，而使道德情感成为个人意志对于共同意志之**被感觉到的依待性**，并且是自然而普遍的交互作用之结果；由此，非物质性世界依照其特有的关联之法则形成一个具有精神圆满性的系统，因而达到其道德的统一吗？如果人们承认这些想法似乎有极大的真实性，而值得费力以结果去衡量它们，他们或许将会因其吸引力而不自觉地陷入对它们的几分偏袒。因为在此情况下，那些通常由于人在地球上的道德关系与自然关系之矛盾而显得奇怪的失序似乎泰半消失了。行为之一切道德性决无法依自然底秩序在人底肉体生命中有其完全的效果，但却能依精神的法则在精神世界中有其完全的效果。真实的意图、许多因无力而无成果的努力之秘密动机、自我超克甚或有时在表面看来善良的行为中所隐藏的狡诈，泰半对于身体状态中的自然结果均徒劳无功；但是它们必须以此种方式在非物质性的世界中被视为有成效的根据，并且就这个世界，依照精神的法则、根据个人意志与普遍意志之联结（亦即精神世界之统一与整体），产生一种合乎自由意念之道德特质的作用，甚或相互接受这种作用。因为既然行为之道德因素涉及精神之内在状态，它自然也只能在诸精神之直接交通中引起与全部道德相称的作用。由此会产生以下的情况：人之心灵必然在此生已根据道德状态在宇宙之诸精神性实体当中占有其位置，如同宇宙之诸物质依照运动法则彼此处于这种合乎其形体底力量的秩序之中。如果心灵与形体世界间的交通最后因死亡而被废止，则在另一世界中的生命将只是该心灵在此生与形体世界间已有的联结之自然延续；而且在此处所履行的道德之全部结果，将在彼处再度出现于一个与整个精神世界紧密交通的存有者早已在那里依精神法则所产生的作用之中。

因此,现在与未来将仿佛出于一体,并且形成一个持续不变的整体(甚至根据**自然底秩序**)。后面这一种情况具有特殊的重要性。因为在一个纯然基于理性底根据而作的臆测之中,如果人们为了消除由于道德及其结果在此世中未完成的和谐而产生的缺憾,必须乞灵于一种超乎寻常的上帝意志,则这有一项极大的困难。因为不论依我们对于上帝智慧的概念,关于上帝意志的判断是如何可能,始终会留下一种强烈的怀疑,即是:或许我们的知性之薄弱概念极其不当地被套用在至高者之上,因为人之义务只是从他在此世实际上所知觉到,或者他能依类比规则按照自然秩序在此世所推想的协调去判断上帝意志;但他无权按照他自己的智慧之设计(他同时使这种设计成为上帝意志之规范)在现世或来世编造新的任意安排。[1]

这整段文字中包含康德当时根据"理性之实践兴趣"所提出的一套形而上学构想;这些构想若能成立,便可构成一套道德的形而上学或实践的形而上学。正如在前一段

---

[1] *Träume*, *KGS*, Bd. 2, S. 334-337.

引文中一样，康德在此也根据一项"实际的且普遍被承认的观察"提出一个形而上学假设。这项实际观察即是"使我们的意志符合共同意志而为我们所感觉到的强制"，而这种强制显现于我们的利他的道德冲动之中，即"强烈的责任法则和较弱的善意法则"之中。现在他将这种强制称为"道德情感"，并且将它比拟为牛顿所谓的"重力"。这里可明显地见到哈奇森之影响，因为哈奇森也把普遍的仁爱比拟为重力原则。[1]但是康德在此将道德情感理解为"实际发生于我们内部的事物之现象"，却非哈奇森之原意。康德于1764年、1765年之间在他自己拥有的《关于美与崇高之情感的考察》(*Beobachtungen über das Gefühl des Schönen und Erhabenen*) 一书之书页中写下了不少眉批。他在其中一则拉丁文的眉批中对道德情感提出两种可能的解释：我们可以视之为"道德法则底秘密性质"，抑或是一种"现象"。[2]第一种解释无疑是英国道德感学派之说法，因为他们将道德情感视为一种可认识道德法则的神秘禀赋；第二种解释即是康德在《通灵者之梦》中所采取

---

[1] Francis Hutcheson: "An Inquiry into the Original of Our Ideas of Beauty and Virtue", in: *Francis Hutcheson: Collected Works* (Hildesheim: Georg Olms, 1971), Vol. 1, p. 198.

[2] "Bem. z. d. Beob.", S. 147.

的解释。[①]康德后来将道德情感解释为道德法则在心中产生的附随现象，其构想之形成可上溯至此时。

现在康德由这种当作现象来看的道德情感，进而假设精神性存有者借一种真实活动的力量所形成的交互作用；在这种交互作用中，精神性存有者依"共同意志之规则"形成一种道德的统一。如果这项假设能够成立，岂非等于证明了传统形而上学所谓的"精神世界"或"智思世界"（mundus intelligibilis）之存在？由"共同意志之规则"一词也显示出卢梭之影响。康德在此显然借用了卢梭在《社会契约论》中所构想的"共和国"之模式（而非内涵）。在卢梭所构想的"共和国"之中，每个成员都拥有双重身份：一方面，他与其他成员依"共同意志"构成主权体，而为立法者；另一方面，他也是共和国之臣民，有义务服从法律。现在康德也依同样的模式来构想人之双重身份：一方面，人与其他的精神性存有者依"共同意志之规则"构成精神世界；另一方面，人属于自然世界，必须服从自然秩序。当然，这种"双重世界"说不一定仅承自卢梭；因为莱布尼茨也有"自然王国"与"恩宠王国"之

[①] Ming-huei Lee: *Das Problem des moralischen Gefühls in der Entwicklung der Kantischen Ethik*, S. 105ff.

区分，康德必有所知。不过，康德依"共同意志之规则"底概念来构想一个具有道德统一性的精神世界，必然是出于卢梭之启发；而且这个概念已包含其日后以"自律"（Autonomie）为本质的"道德法则"底概念之根芽。

这项形而上学的假设可由其解释力得到进一步的支持，因为"在此情况下，那些通常由于人在地球上的道德关系与自然关系之矛盾而显得奇怪的失序似乎泰半消失了"。这里所谓"道德关系与自然关系之矛盾"即是指人在现世中的道德与幸福之不一致。对于我们的道德心而言，"善无善报，恶无恶报"是不可忍受之事。而现在依康德的精神世界之假设，我们可期望心灵在死后继续存在，而在来世要求道德与幸福之一致。这也就是康德在《通灵者之梦》结尾所说的："从来没有一个正直的心灵能忍受'一切事物均随着死亡而终结'这个想法，而且其高贵的存心不奋而期望于未来。"因此，灵魂不灭之说在信仰上（而非知识上）得到肯定。进一步而言，由于道德与幸福之一致得靠上帝来保证，故我们的道德心亦要求上帝之存在，此即他所谓的"道德的信仰"。但是他反对由思辨之途肯定上帝之存在："〔……〕在一个纯然基于理性底根据而作的臆测之中，如果我们为了消除由于道德及其结果在此世中未完成的和谐而产生的缺憾，必须乞灵于一种超乎寻常的上帝意志，则这有一项极大的困难。"康德后来在《实践理性批判》底《先验辩证论》中以"最高善"为实践理性之必然对象，要求道德与幸福之一致，并且由此肯定灵魂之不灭与上帝之存在，作为"纯粹实践理性之设准（Postulat）"。在《纯粹理性批判》中，他只承认"道德神学"，而反对"神学的道德学"[①]；前者是借道德法则肯定上帝之存在，而后者是在思辨上肯定上帝之存在，以之作为道德法则之根据。这些思想之萌芽显然均可上溯到《通灵者之梦》。

9

然而，当我们惊讶于《通灵者之梦》一书中所包含的哲学构想如此接近康德晚期的哲学观点之际，我们还得了解这些构想之限制。如上文所述，康德在该书第一部第三章中，尝试将通灵之现象解释为因实际的疾病而引起的幻觉。在完成这种亦能自圆其说的考察之后，他接着表示：

> 由这些考察所产生的结论具有以下的不宜之处：它使得上一章中的深刻推测成为完全多余的，而且

---

① *KrV*, A632/B660 Anm.

不论读者多么愿意多少赞同其中的理想规划，仍会宁取那个在裁决时更加方便而简单并且能期待更广泛的赞同之概念。因为从经验提供给我们的材料中取得说明之根据，较诸迷失于一种半虚构、半推论的理性之眩人的概念中，似乎更合乎理性的思考方式；此外，这后面的方式多少还会引起嘲笑，而不论这种嘲笑有无道理，它均比任何其他的手段为更有力的手段，去制止无用的探究。[1]

此所谓"上一章中的深刻推断"，即是上文所引、由道德情感之现象去推断精神世界及上帝之存在的那段话。由现在所引述的这段话看来，他对这种推断似乎有所保留。这种保留的态度也在该书第一部第四章中显示出来。康德在该处说明了我们在思辨方面对于精神世界的无知之后，随即写道：

> 正是这种无知也使我不敢全然否定各种各样灵异故事中的一切真实性，但是有一项虽奇怪却常见的保留，即怀疑每个个别的故事，但对全部故事却

---

[1] *Träume, KGS*, Bd. 2, S. 347f.

有几分相信。读者保有判断之自由；但对我自己而言，至少第二章底理由之一侧对我有足够的分量，使我认真而不置可否地驻足聆听各种各样的奇异故事。然而，如果心已先有所偏，它决不乏辩解之理由，所以我不想借由进一步为这种思考方式辩护，来烦扰读者。①

此所谓"第二章底理由"，也是指方才所提到的推断。在这两处，康德尚只是对这种推断有所保留而已。但他在一封于1766年4月8日写给门德尔松的信中，却以不同的口气谈到这项尝试性的推断：

〔……〕我将精神性存有者之实际的道德感应与普遍的重力相类比的这项尝试，根本不是我真正的看法，而是一个例子，用来显示：在缺乏材料时，人们能在哲学性虚构中无所阻碍地前进多远？在这样的一项课题中，我们是何等必要去确定：此问题之解决需要什么？以及，为此而必要的材料是否欠缺？②

---

① *Träume*, *KGS*, Bd. 2, S. 351.
② *KGS*, Bd. 10, S. 72.

附录二 本书在康德早期哲学发展中的意义与地位 155

我们如何解释他这些不一致的说辞和态度呢？

如果笔者上述关于康德伦理学发展的说明正确无误的话，这并不难解释。因为根据笔者的研究成果，在康德伦理学发展之第三阶段中，他正寻求一个基于理性又可充分决定具体义务的道德原则（相当于他以后提出的"定言令式"），以取代道德情感在道德判断中的作用。他希望能在理性之基础上重建伦理学。但他并非要回到沃尔夫的理性主义伦理学，因为沃尔夫的"圆满性"原则无法说明道德之本质（无条件性）。康德现在要寻找一项既能说明道德之本质又能具体应用的理性原则。但是他在撰写《通灵者之梦》时，尚未发现这项原则，因此无法放弃哈奇森与卢梭的情感伦理学。上述不一致的说辞正反映出他徘徊于一套新的理性伦理学与原先带折中色彩的情感伦理学之间的矛盾态度。

但是施穆克尔对此有不同的解释。他认为在《通灵者之梦》中，康德已发现了这项理性原则，此即第一部第二章中所谓的"共同意志之规则"，而且这项规则足以承担康德原先归诸道德情感的判断作用。[1]但这项解释大有

---

[1] 参阅：Schmucker: *Die Ursprünge der Ethik Kants in seinen vorkritischen Schriften und Reflektionen*, S. 168f.

问题，因为如果"共同意志之规则"即是康德所寻求的理性原则，何以他在此书之结尾仍说"心为知性提供规范"，并且将对来世的信仰建立在"感觉"之上呢？此外，施穆克尔也不知道：《通灵者之梦》中所谓的"共同意志之规则"即是上文所提到的"设身处地"之规则[①]；这项规则只是一项"启发性工具"，虽可帮助我们作道德判断，却非真正的道德原则。康德甚至明白地表示，使用这项原则的能力并非道德的，而是逻辑的。[②]亨里希（Dieter Henrich）也持与施穆克尔类似的看法。他认为，这个"设身处地"之规则已包含"定言令式"之概念内涵，所差者只是道德解悟之先验的证立，以及意志与道德情感间的关系之说明而已。[③]这是由于他误解了在康德心目中"设身处地"底原则之意义，也由于他不明白康德在这个阶段中的伦理学观点。笔者承认，由于卢梭之启发，在这个"共同意志之规则"中已包含康德日后构思"自律"原则的模式；但

[①] Ming-huei Lee: *Das Problem des moralischen Gefühls in der Entwicklung der Kantischen Ethik*, S. 106ff. u. 114f.

[②] "Praktische Philosophie Herder", *KGS*, Bd. 27, S. 58. 后来康德在《道德底形而上学之基础》中也否认这项原则可作为道德原则（*KGS*, Bd. 4, S. 430 Anm）。

[③] Dieter Henrich: "Hutcheson und Kant", *Kant-Studien*, Bd. 49 (1957), S. 66.

此时他并未把它当作一个可以完全取代道德情感的判断原则。如上文所说，这个原则之发现系在1768年、1769年之交。

最后，我们可以对《通灵者之梦》一书在康德早期哲学发展中的意义与地位做个总结：此书基本上已包含他在《纯粹理性批判》一书之《先验辩证论》中对传统形而上学所做的全面批判，并且指出思辨形而上学之限度。由于这种认识，他试图根据理性之实践兴趣去建立对上帝存在及灵魂不灭的道德信仰。因此，康德此时已形成了《纯粹理性批判》第二版前言中那句名言——我必须扬弃**知识**，以便为**信仰**取得地位[1]——所包含的哲学构想，以及《实践理性批判》中关于"纯粹实践理性之设准"的基本思想。但是由于他在形而上学方面尚未发现一切知识之主观的形式条件（时间、空间和范畴），而在伦理学方面亦未发现足以说明道德之本质的理性原则（定言令式），因此其批判哲学之基本架构尚未确立。这使得《通灵者之梦》一书具有一种过渡性格，而这种性格也是该书难于理解的原因之一。

---

[1] *KrV*, BXXX.

相关文献[1]

一、此书之版本

Träume eines Geistersehers, erläutert durch Träume der Metaphysik. Königsberg: Johann Jacob Kanter, 1766.

Träume eines Geistersehers, erläutert durch Träume der Metaphysik. Riga und Mietau: Johann Friedrich Hartknoch, 1766.

Träume eines Geistersehers, erläutert durch Träume der Metaphysik. In: *Kants Gesammelte Schriften*, herausgegeben von der Königlich Preußischen Akademie der Wissenschaften, Berlin/Leipzig: Walter de Gruyter, 1922ff.

Träume eines Geistersehers, erläutert durch Träume der Metaphysik, Der Unterschied der Gegenden im Raume. Unter Verwendung des Textes von Karl Vorländer mit einer Einleitung herausgegeben

---

[1] "相关文献"为中译者制作。

von Klaus Reich, Hamburg: Felix Meiner, 1975.

Träume eines Geristersehers, erläutert durch Träume der Metaphysik. Textkritisch herausgegeben und mit Beilagen versehen von Rudolf Malter, Stuttgart: Philipp Reclam Jun., 1976.

Träume eines Geistersehers, erläutert durch Träume der Metaphysik. Mit einer Einleitung und Erläuterungen herausgegeben von Lothar Kreimendahl und Michael Oberhausen, Hamburg: Felix Meiner, 2022.

二、当时关于此书之评论

Allgemeine deutsche Bibliothek. Des vierten Bandes zweytes Stück, Berlin und Stettin: verlegts Friedrich Nicolai 1767, S. 281, Rez.: Moses Mendelssohn.

Compendium Historiae Litterariae novissimae, Oder Erlangische gelehrte Anmerkungen und Nachrichten auf das Jahr 1766. Ein und zwanzigster Jahrgang. XXXIX. Stück, Dienstags, den 23. September, 1766, S. 308f., Rez.: Johann Georg Heinrich Feder.

Kongl. Bibliotekets tidningar om lärda saker. Stycket XXII. Stockholm, den 17 junii 1767, Rez.: anonym.

Königsbergische Gelehrten und Politische Zeitungen auf das Jahr 1766, 18. Stück. Den 3. Merz, S. 125-130, Rez.: Johann Gottfried Herder.

Neue Critische Nachrichten. Dritter Band. Greifswald 1767, Drey und vier und dreyßigstes Stück. S. 257-262, Rez.: anonym.

三、此书之英文翻译与注解

Kant's Dreams of a Spirit-Seer, Illustrated by Dreams of Metaphysics. Edited with an introduction and notes by Frank Sewall, translated by Emanuel F. Goerwitz, London: Swan Sonnenschein & Co./New York: The Macmillan C., 1900.

Dreams of a Spirit-Seer by Immanuel Kant and Other Related Writings. Translated with commentary by John Manolesco, New York: Ventage Press, 1969.

Dreams of a Spirit-Seer Elucidated by Dreams of Metaphysics. In: Immanuel Kant, *Theoretical Philosophy, 1755-1770*, translated edited by David Walford (Cambridge: Cambridge University Press, 1992), pp. 301-359.

Kant on Swedenborg: Dreams of a Spirit-Seer and Other Writings (Swedenborg Studies, No. 15). Edited by Gregory R. Johnson, translated by Gregory R. Johnson and Glenn Alexander Magee, West Chester/PA.: Swedenborg Foundation Publishers, 2002.

Johnson, Gregory R.: "A Commentary *Dreams of a Spirit-Seer*". Ph.D. dissertation, Washington, D.C.: The Catholic University of America, 2001.

四、西文二手资料

Benz, Ernst: "Kant und Swedenborg", in: *idem, Swedenborg*

in Deutschland: F.C. Oetingers und Immanuel Kants Auseinandersetzung mit der Person und Lehre Emanuel Swedenborgs (Frankfurt/M.: Vittorio Klostermann, 1947), S. 233-285, 336-341.

Brock, Erland J. et al. (eds.): *Swedenborg and His Influence*, Bryn Athyn/PA: The Academy of the New Church, 1988.

Dunn, Allen: "The Spirits of Satire: Kant and Blake Read Emanuel Swedenborg", *Soundings*, Vol. 102, No. 4 (2019), pp. 325-344.

Ebbinghaus, Julius: "Kant und Swedenborg", in: idem., *Gesammelte Schriften*, Band 3: "Schriften zur theoretischen Philosophie und zur Philosophiegeschichte" (Bonn: Bouvier, 1990), S. 99-120.

Firestone, Chris L.: "The Impossible Possibility of Palmquist's *Kant and Mysticism*", *Kantian Review*, Vol. 26, No.1 (2021), pp. 99-104.

Florschütz, *Gottlieb: Swedenborgs verborgene Wirkung auf Kant. Swedenborg und die okkulten Phänomene aus der Sicht von Kant und Schopenhauer*, Würzburg: Königshausen & Neumann, 1992.

————: *Swedenborg and Kant: Emanuel Swedenborg's Mystical View of Humankind, and the Dual Nature of Humankind in Immanuel Kant* (Swedenborg Studies, No. 2), West Chester/PA.: Swedenborg Foundation, 1993.

Hanegraaff, Wouter J.: *Swedenborg, Oetinger, Kant: Three Perspectives on the Secrets of Heaven* (Swedenborg Studies, No.18), West Chester/PA: Swedenborg Foundation Publishers, 2007.

Heinrichs, Michael: *Emanuel Swedenborg in Deutschland. Eine kritische Darstellung der Rezeption des schwedischen Visionärs im 18. und 19. Jahrhundert*, Frankfurt/M.: Peter Lang, 1979.

Hoffman, Richard Adolf: *Kant und Swedenborg*, Wiesbaden: J. F. Bergmann, 1909.

Johnson, Gregory R.: "The Kinship of Kant and Swedenborg", *The New Philosophy*, Vol. 99, Nos. 3-4 (July-December 1996), pp. 407-423, 11-39.

———: "Kant on Swedenborg in the Lectures on Metaphysics, 1760s–1770s", *Studia Swedenborgiana*, Vol. 10, No. 1 (Fall 1996), pp. 1-38.

———: "Kant on Swedenborg in the Lectures on Metaphysics, 1780s-1790s", *Studia Swedenborgiana*, Vol. 10, No. 2 (Spring 1997), pp. 11-39.

———: "Kant's Early Metaphysics and the Origins of the Critical Philosophy", *Studia Swedenborgiana*, Vol. 11, No. 2 (May 1999), pp. 29-54.

———: "Did Kant Dissemble His Interest in Swedenborg? The Esotericism Hypothesis", *The New Philosophy*, Vol. 102, No. 3-4 (July-December 1999), pp. 529-560.

———: "Swedenborg's Positive Influence on the Development of Kant's Mature Moral Philosophy", in: Stephen McNeilly (ed.), *On the True Philosopher and the True Philosophy: Essays on Swedenborg* (London: The Swedenborg Society, 2003), pp. 21-38.

———: "From Swedenborg's Spiritual World to Kant's Kingdom of Ends", *Aries*, Vol. 9, No. 1 (2009), pp. 83-99.

———: "Kant, Swedenborg & Rousseau. The Synthesis of Enlightenment and Esotericism in *Dreams of a Spirit-Seer*", in: Monika Neugebauer-Wölk u.a. (Hg.), *Aufklärung und Esoterik: Wege in die Moderne* (Berlin: Walter de Gruyter, 2013), S. 208-223.

Kirven, Robert H.: "Swedenborg and Kant Revisited: The Long Shadow of Kant's Attack and a New Response", in: Erland J. Brock et al. (eds.), *Swedenborg and His Influence* (Bryn Athyn/PA: The Academy of the New Church, 1988), pp. 103-120.

Kohns, Oliver: *Die Verrücktheit des Sinns. Wahnsinn und Zeichen Bei Kant, E. T. A. Hoffmann und Thomas Carlyle*, Bielefeld: transcript, 2015.

McQillan, J. Colin: "Reading and Misreading Kant's *Dreams of a Spirit-Seer*", *Kant Studies Online*, 2015 (1), pp. 178-203.

———: "*Dreams of a Spirit-Seer* and Kant's Critical Method: Comments on Stephen R. Palmquist's *Kant and Mysticism*", *Kantian Review*, Vol. 26, No.1 (2021), pp.113-117.

Medhananda, Swami: "Mysticism without the *Mustikos*? Some Reflections on Stephen Palmquist's Mystical Kant", *Kantian Review*, Vol. 26, No.1 (2021), pp. 105-111.

Nelsen, Eric S.: "Critical Mysticism or Critical Ethos? Intercultural Reflections on Stephen Palmquist's *Kant and Mysticism*",

Kantian Review, Vol. 26, No.1 (2021), pp. 119-127.

Oetinger, Friedrich Christoph: *Swedenborgs und anderer irrdische und himmlische Philosophie*, Frankfurt u. Leipzig 1765.

Özmen, Elif: "Über Kants Träume der Metaphysik. Versuch einer entwicklungsgeschichtlichen Einordnung", in: Volker Gerhardt u. a. (Hg.), *Kant und Berliner Aufklärung. Akten des IX. Internationalen Kant-Kongresses* (Berlin: Walter de Gruyter, 2001), Bd. 2, S. 44-51.

Palmquist, Stephen R.: "Critique of Mysticism: (1) Critical Dreams", *Philosophy and Theology*, Vol. 3 (1989), pp. 355-383.

———: "Critique of Mysticism: (2) Critical Mysticism", *Philosophy and Theology*, Vol. 4 (1989), pp. 67-94.

———: "Responses to Critics: What Makes Mysticism Critical? (*Or*, What Makes Critique Mystical?)", *Kantian Review*, Vol. 26, No.1 (2021), pp. 137-162.

———: *Kant and Mysticism: Critique as the Experience of Baring All in Reason's Light*, Lanham/MD: Lexington Books, 2019.

Pasternack, Lawrence: "Immediate Experience, Mystical 'Encounters' and the 'Voice' of God: Palmquist's Critical Mysticism and Kant's Theory of Experience", *Kantian Review*, Vol. 26, No.1 (2021), pp. 129-135.

Radermacher, Hans: *Kant, Swedenborg, Borges*, Bern: Peter Lang 1986.

Seewall, Frank: "Kant and Swedenborg on Cognition". *The New-*

Church Review, Vol. 5, No. 4 (October 1898), pp. 481-513.

Stengel, Friedemann (Hg.): *Kant und Swedenborg. Zugänge zu einem umstrittenen Verhältnis*, Tübingen: Max Niemeyer, 2008.

Stengel, Friedemann: *Aufklärung bis zum Himmel. Emanuel Swedenborg im Kontext der Theologie und Philosophie des 18. Jahrhunderts*, Tübingen: Mohr Siebeck, 2011.

Swedenborg, Emanuel: *Arcana cœlestia quæ in scriptura sacra, seu verbo Domini sunt, detecta: hic primum quæ in Genesi*, London: John Lewis, 1749-1756.

————: *Arcana coelestia: or Heavenly Mysteries, Contained in the Sacred Scriptures, or Word of the Lord, Manifested and Laid Open, Beginning with the Book of Genesis*, Boston: The Apollo Press, 1794.

————: *Arcana Caelestia*, Vol. 1, Translated by John Elliott, London: The Swedenborg Society, 1983.

Treash, Gorden: "Reason, Kant's Dreams and Critique", in: Gerhard Funke (Hg.), *Akten des 7. Internationalen Kant-Kongresses, Kurfürstliches Schloß zu Mainz 1990* (Bonn: Bouvier, 1991), Band II.1, S. 41-53.

Trobridge, George: *Swedenborg: Life and Teaching*, New York: Swedenborg Foundation, 1970.

Warren, Samuel M.: *A Compendium of the Theological Writings of Emanuel Swedenborg*, New York: Swedenborg Foundation, 1875.

Woofenden, William Ross: *Swedenborg and 20th Century Thought*,

Sydney: Swedenborg Lending Library & Enquiry Centre, 1981.

Zammito, John H.: "Kant and the schönen Wissenschaften: Contextualizing *The Dreams of a Spirit-Seer*", in: Volker Gerhardt u. a. (Hg.), *Kant und Berliner Aufklärung. Akten des IX. Internationalen Kant-Kongresses* (Berlin: Walter de Gruyter, 2001), Bd. 2, S. 78-85.

人名索引[1]

(按照西文音序排列，数字为本书页码)

Apollonius von Tyane 阿波罗尼奥 67

Ariosto, Ludovico 阿里欧斯托 71

Aristoteles 亚里士多德 42

Artemidor 阿特米多 67

Boerhaave, Hermann 布尔哈维 26, 28

Brahe, Tycho de 布拉赫 41

Castel, William 卡斯特尔 99

Crusius, Christian August 克鲁修斯 43

Demokrit 德谟克利特 84

Descartes, René 笛卡尔 19, 47

Dietrichstein-Proskau-Leslie, Fürst von 迪特里希施坦泰因 95—96

Diogenes von Sinope 第欧根尼 84

Epikur 伊壁鸠鲁 69—70

Ernesti, Johann August 埃内斯蒂 72—73

Fontenelle, Bernard le Bovier de 丰特内勒 66

Hofmann, Friedrich 霍夫曼

---

[1] "人名索引"为译者制作。

28

Horatius Flaccus, Quintus 贺拉斯 68, 104

Knobloch, Charlotte von 克诺布洛赫 93—101

Leibniz, Gottfried Wilhelm 莱布尼茨 20, 22, 38

Liscow, Christian Ludwig 黎斯科 72

Lützow, Johann Joachim Freiherr von 吕佐 95

Marteville, Frau von 马特维尔夫人 64—65, 97—98

Maupertuis, Pierre Moreau 莫佩尔蒂 26

Mendelssohn, Moses 门德尔松 101—107

Newton, Isaak 牛顿 33

Philostrat 菲洛斯特拉图斯 67

Schlegel, Johann Heinrich 施莱格尔 96

Socrates 苏格拉底 86

St., Germain, Claude Louis Comte de 圣·杰曼 96

Stahl, Georg Ernst 施塔尔 27

Sulzer, Johann Georg 苏尔泽 107

Swedenborg, Emmanuel 史威登堡 62—65, 67, 71, 72—81, 95—100

Vergilius Maro, Publius 维吉尔 23, 61, 70, 83

Voltaire, François Marie 伏尔泰 92

Wolff, Christian 沃尔夫 42

概念索引[1]

(按照西文音序排列，数字为本书页码)

Anschauung 直观 35
 非物质性的~ 35
 狂热的~ 73
Anziehung 引力 33, 89
a posteriori 后天的 69
a priori 先天的 69
Atomus 原子 18, 20, 69
Begriff 概念
 普遍的~ 69
 剽窃的~ 11, 43
Eigenheit 私己性 31
Einfalt 纯真 91
 愚蠢的~ 87

 睿智的~ 87
Einheit 统一
 道德的~ 32
 理性之~ 32
 精神世界之~ 34
Empfindung 感觉 17—19, 36—37, 39—40, 43—44, 46—47, 50, 55, 57, 80, 90,
Erfahrung 经验 10—11, 13—14, 17, 49, 51, 68—70, 85—86, 88—91, 105—107
focus imaginarius 虚焦点 46
Gedächtnis 记忆 36

---

[1] "概念索引"为译者制作。

内在的~ 75
外在的~ 75
Geist 精神/神灵 9—13, 21, 35—38, 40, 57, 74—81
无限的~ 12
Geisterseher 通灵者 39, 45, 51
Gesetz 法则
有机的~ 24
精神的~ 24, 32—34, 89
善意~ 32
责任~ 32
Gravitation 重力 33, 106
Hylozoismus 万物有生论 25
idea materialis 实质观念 19, 48
Idealist 观念论者 79
Identität 同一性 88
Leben 生命 20—21, 25—28, 34, 57
Metaphysik 形而上学 23, 52, 57, 65, 69, 73, 82—85, 87, 103
Materialismus 唯物论 26
Materie 物质 11—14, 20—21, 22, 27—28, 30, 33—34, 89, 107

Monad 单子 38
moralischer Glaube 道德的信仰 92
mundus intelligibilis 智思世界 24
Pneumatologie 精神学 57
Seele 心灵 12—13, 29—30, 34, 38—39, 46—47, 53, 75—80, 106
心灵与躯体之结合 35—37, 80—81, 88—89, 105—106
心灵在躯体中的位置 16—22
Selbstliebe 我爱 53
sittliches Gefühl 道德情感 33
Träumer 梦幻者 43—45
Vernunft 理性 51, 54—55, 57, 65, 70, 72—73, 83—84, 88, 92, 94, 107
Verstand 知性 19, 22—24, 31, 35, 38, 41, 43, 50, 54, 57, 66—67, 71, 83—84, 87, 90—91
健全的~ 17, 104
~之秤 53
Vorstellungkraft 表象力 22, 77

Wahnsinn 感觉狂 74	上帝底～ 35
Wahnwitz 知性狂 74	个人的～ 33
Widerspruch 矛盾 88	共同的～ 32—33
Wille 意志 88	

译后记

译者于1988年在台湾大学哲学研究所主持"早期康德哲学讨论"之课程,选用康德的《通灵者之梦》一书为教材。译者在准备教材时,随手翻译此书,学期结束时译稿已完成。后来译者又译出康德的信函中与此书有关的两函(1763年8月10日《致夏洛特·冯·克诺布洛赫小姐函》及1766年4月8日《致摩西·门德尔松函》)。译文均依据普鲁士王室学术院所编的《康德全集》(*Kants Gesammelte Schriften*)译出;《通灵者之梦》见于第2册第315—373页,《致夏洛特·冯·克诺布洛赫小姐函》见于第10册第43—48页,《致摩西·门德尔松函》则见于第10册第69—73页。《通灵者之梦》原有康德的附注。为帮助读者之理解,译者另外又加上一些注释,其中颇多取材于上述版本《康德全集》中Paul Menzer的注释,以及Karl

Vorländer所编"哲学丛书"("Philosophische Bibliothek")版《康德全书》(*Kants Sämtliche Werke*)中的注释；为免累赘，不一一注明出处。

本译文曾在《鹅湖月刊》第159—163期（1988年9月至1989年1月）连载，目前的译文已经过修改和润饰。为帮助读者了解《通灵者之梦》在整个康德哲学之发展中的意义与地位，译者特地撰写《康德的〈通灵者之梦〉在其早期哲学发展中的意义与地位》一文，刊载于1989年出版的《华冈文科学报》第17期；今将该文置于译文前面，当作导论。

《通灵者之梦》在1900年已有Emanuel F. Goerwitz的英译本，在1935年已有长岛喜三的日译本。据译者所知，本译本是第一个中文译本；由此可见，我们在吸收西方文化的工作方面落后同为亚洲国家的日本有多远！

康德此书写于十八世纪，而十八世纪正是所谓的"启蒙时代"。康德在此书中试图为知识、信仰和迷信三者划定界限，一方面批评世俗的迷信，另一方面又反对启蒙哲学家过分狭隘的理性观。故此书一方面可视为启蒙运动之产物，另一方面也超越了启蒙运动。今年适逢"五四"运动七十周年，两岸之知识界均有纪念活动。但我们在纪念"五四"运动的同时，必须了解："五四"新文化运动之局限正是十八世纪欧洲启蒙运动之局限,即在于狭隘的理性观。德国哲学家卡西雷尔(Ernst Cassirer)在其名著《启蒙运动之哲学》(*Die Philosophie der Aufklärung*)中便一针见血地指出:这种理性观之危险在于将一切平面化,从而取消精神内涵之多样性及价值底高低之别。我们可补充道:其进一步的危险在于引发迷信;因为当人类之精神无法依其自身的法则表现时,迷信便成了反动之形式。因此,狭隘的唯智论(intellectualism)与迷信是孪生兄弟。回头看看今天在台湾流行于民间的迷信(如乩童、风水、算命、明牌)与流行于知识界的各种形式与包装的唯智论,以及这两种现象在民间与知识界的相互渗透,我们不得不承认:康德在此书中所面对的问题对于两百多年后的我们而言,并未完全失去意义。这也是笔者翻译此书的动机之一。

笔者在翻译过程中曾蒙德国友人吕福克(Volker Klöpsch)先生之协助,特此表示谢忱。译事甚难,哲学名著之翻译尤难。译者希望此一译本能达到学术翻译所要求的严谨程度,但不敢自许译文决无问题;唯盼博雅君子不吝指正。

李明辉
1989年8月于台北

图书在版编目（CIP）数据

通灵者之梦/（德）康德著；李明辉译. —北京：商务印书馆，2023（2024.6重印）
ISBN 978-7-100-18960-6

Ⅰ.①通… Ⅱ.①康…②李… Ⅲ.①德国古典哲学 Ⅳ.① B516.31

中国版本图书馆 CIP 数据核字（2020）第 159972 号

权利保留，侵权必究。

通灵者之梦
——以形而上学之梦来阐释

〔德〕康德　著
李明辉　译

商 务 印 书 馆 出 版
（北京王府井大街36号　邮政编码100710）
商 务 印 书 馆 发 行
北京市白帆印务有限公司印刷
ISBN 978 - 7 - 100 - 18960 - 6

2023年4月第1版　　开本 787×1092　1/32
2024年6月北京第2次印刷　印张 5⅞

定价：38.00 元